美しい山を旅して

KIKI's MOUNTAIN JOURNAL

はじめに

山に抱かれて時を過ごしたい。こころがふと宙にさまよった瞬間、いつからかそんな風に思うことが多くなりました。思い描く景色はさまざま。どこかで聞いたり見たり。それは緑麗しい森であったり、黄色い風吹かせる荒野、時には大気煌《きら》めく雪峰であったりします。そしてその夢見る思いが強くなると、いつしか本当にその場所へ旅立つこととなります。自らの意志で出向いているということもあり、そこで受ける印象は常に絶大なものです。思い描いていた風景のなかに立ち深呼吸したとき、あたりには色彩が満ち、音が溢れ、そして肺のなかではくすぐったいほどに空気が躍り出します。山を旅することは、すべての荷物を背負い、自らの足で歩くことでもあります。それは苦しいことではなく、むしろ背に羽が生えて宙に浮くかのよう。先立ったこころに体が追いつき、より自由な旅がはじまるのです。

ここに集めた９つの山の話は、わたしが山に魅せられてから７年の間に訪れた、世界のあちこちでの話です。そこにはきっかけを与えてくれた友がいて、重い荷物を分かち合い、一緒に歩いてくれた友がいて、未知の世界を案内してくれた友がいました。そして帰るべき場所で待っていてくれた友がいて。すべて美しい場所であったのは、そこに皆の存在と山があったからです。美しい山へ、世界の山へ。あなたも一緒に旅をはじめませんか。

AIR NEW ZEALAN
HONOLULU
PAGA PAGO 4225
VANCOUVER 12378
SAN FRANCISCO 11491KM
LOS ANGELES 11440KM
MONTREAL 15257KM
NEW YORK 15027KM
PAPEETE 4920KM
SYDNEY 2176KM
BRISBANE 2365KM
ROME 18083KM
SINGAPORE 8161KM
LONDON 18939KM
BANGKOK 9614KM
HONG KONG 9297KM
NORFOLK ISLAND 1345KM
TOKYO 9057KM

CONTENTS

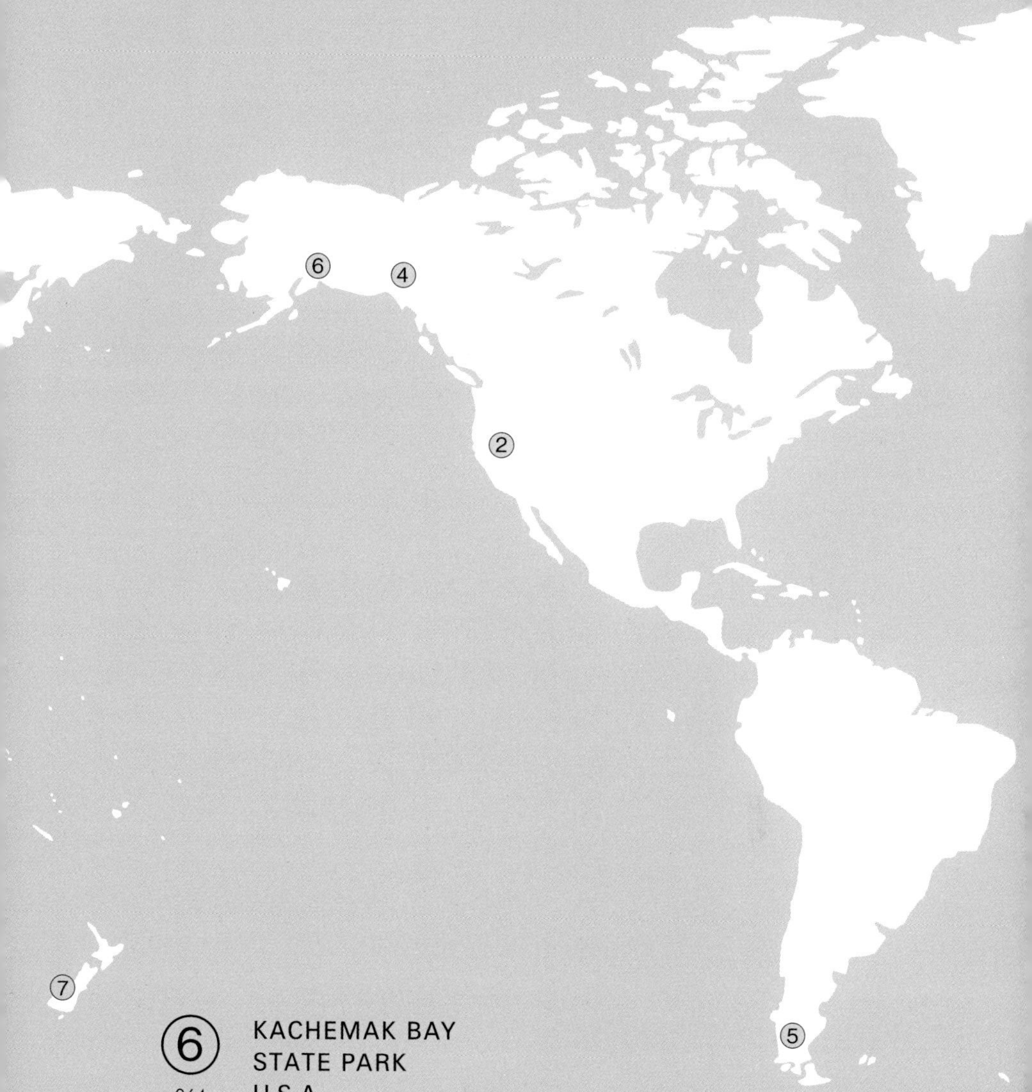
⑥
④
②
⑦
⑤

EVEREST TRAIL

NEPAL

エベレスト街道　ネパール

クーンブ山群に囲まれた村々を見下ろす。標高4000mが近くなってくると、雨ではなく雪が降ってくることが多い。雲が流れた後には幻想的な風景が残る

世界一の山を見上げたら
なにかが変わるだろうか

標高3440m、エベレスト街道でマーケットが開かれる最後の村、ナムチェバザール。峰々に囲まれたすり鉢状の地形に、階段のようにして村々がある。高台から見下ろすと、周囲の山の威圧感のせいか静けさに包まれ、なるべく気配を消そうとしているかのように思える。けれど同じ目線で村を巡っていると、旅のはじめに降り立ったカトマンズと同じように、人々の熱気が漂っているのを感じるのだった。

鮮やかな色彩、賑やかな声と笑顔。白い仏塔のとんがりは黄《こ》金《がね》色《いろ》に輝き、願いが込められたタルチョは青白赤緑黄と五色の旗を風になびかせている。民家の庭先で咲き乱れる淡い紫色のダリア。自然の草木だけでなく、手入れをされた花壇がそこにはある。ここには、世界一の高さを持つエベレストに続く道があるだけでなく、この土地で生活する人々の日常がある。なんだか不思議な感覚だった。

世界で一番高い山を見にいこう。それを見てなにを思うのか、なにを感じるのか。到底想像がつかなかったけれど、日常から遠く離れたい。そんな風に思っていたのは確かだ。慣れない仕事が続いた半年間。なにかが空回りしはじめたら、仕事だけでなくいろいろなことが噛み合わなくなっていた。そんな仕事にも区切りがつくと、目の前にぽっかりと時間ができていた。友人と計画する間も惜しく、手元にあった旅行会社のパンフレットのなかから目に付いたのがエベレスト街道をいくツアーだった。そうして、人生初の海外の山旅がはじまった。

エベレスト街道とは、ネパール側からエベレストに登頂するためのベースキャンプへと続く道。標高8848mのエベレストを含むクーンブ山群を仰ぎながら歩くことができる、世界でも有数の絶景トレイルだ。今回のツアーのゴールとなるのはナムチェバザールという村で、そこを拠点にエベレストの展望を得られる公園など周辺を散策する。トレイル上の最高標高地点は3780mと、日本の富士山ほどの高さがあるが、行程はゆったり、トレイルも整っているので、海外トレッキング初心者でも楽しみやすいものとなっている。とはいえツアー旅行にひとりで参加をするのがはじめてだったこともあり、行程そのものよりも他人との関わりのほうが不安だった。他の参加者は50代以上の人がほとんど。でも山を好いているのは共通なので、話題に事欠くことはなかった。そうはいってもトレッキングの最中は気楽さを求めて、ひとりで歩いていることが多かった。歩くのは列の最後尾がいい。後ろの人を気にせずに、立ち止まって写真を撮れるからだ。

歩きだしてしばらくすると、シェルパ見習いのナビンという青年が、ちょくちょくわたしのところにやってきては、話しかけるようになった。シェルパはネパールの少数民族の名前だが、ヒマラヤ登山がされるようになってからは、エベレストの麓で暮らす彼らの知識と技術をかわれて、山の案内人として雇われるようになった。今ではシェルパといえばエベレスト登山ガイドの総称となっていて、外国人登山者たちにとってなくてはならない存在だ。わたしがエベレスト街道を歩いていて出会った地元の青年たちの多くは、尊敬する職業としてシェルパに憧れているようでもあった。

年齢を聞くのを忘れてしまったけれど、ナビンは20歳そこそこだったのではないだろうか。わたしたちがトレッキングをスタートさせたルクラという村から3日ほど歩いて下った村に住んでいると言っていた。農作業をするよりもシェルパのほうが働きがいがあるというから、この辺りの村人たちの収入は少ないのだろう。ナビンの足元は今

エベレスト街道沿いの家々には手入れされた花壇があり、トレッキングの最中、目を楽しませてくれた。立ち寄った山小屋でも内装に花柄が使われていて華やかだった

にも穴があきそうなスニーカー。それでも列の前後を行ったり来たり。とにかく身軽なのだ。仕事を言いつけられていないときは一緒に歩きながら、片言の日本語と英語とネパール語でお喋りをした。

エベレスト街道はすべての行程が人里離れた道を歩くというわけではなく、途中のナムチェバザールまでは村が点在している。道中ではチベット仏教の経典が彫られた大きな石が立てられているのをよく目にした。それはマニ石と呼ばれるもので、石を拝んだり、その周囲を右回りに歩くことでお経を唱えたのと同じことになるのだそうだ。似たようなものでマニ車というものもあり、「オン・ムニ・プメハム」と唱えながら回すことで功徳を得られるという。街道沿いにマニ車が並んでいるところでは、旅人も地元の人も皆が手でなでるように回しながら進んでいく。ナビンはいつもそこでにやにやっとしながら、「メニマニメニマニ……」と唱える。マニ車とmany moneyをかけているのだ。ナビンはお金を稼ぎたいのと、それ以上に山の知識を積んでシェルパになりたいのだと言っていた。彼のメニマニは、あながち冗談ではないのかもしれない。

途中通りかかった村の売店で、ナビンが顔見知りらしい女の子と親しげに話しているのを見かけた。あとで、彼女が気になっているのかと聞くと、それまでお喋りだったくせに突然黙り込んで、にやっと笑顔を返してくるのだった。マニ車にかける願い事には、素敵なお嫁さんをもらうことも含まれていたのかな、と後になって思った。

トレッキング３日目、午後の早い時間にナムチェバザールに到着した。村の入り口には色とりどりのタルチョを風になびかせた仏塔が守り神のように立っている。市場の敷地からはみ出るように商品が並び、物色する人々がいる。階段状に作られた村には商店も多く、土産物や登山道具が軒先に並んでいる。 山の奥にこんな場所があるのかとおどろく賑やかさだ。ナムチェからはエベレストを眺めることができないので、ここを拠点に周辺を散策する。ところが翌日は天候が優

クムジュン近くの小学校の校庭で子どもたちが輪になって遊んでいた。相撲のような遊びをしている輪もある。ナムチェに滞在して、周辺の村々を散策した日

れず、どこへ行っても視界は真っ白。皆の表情も霧で覆われていくようだった。下山の日の朝、天候の回復を見込んで、急きょ展望のいい公園へ出かけることになったのだけれど、あきらめの空気が漂っていた。わたしのなかではエベレストを望めない落胆よりも、もうすぐ旅を終えてまた日常に戻るのだという憂鬱な気持ちが大きくなっていた。

たどり着いたのはだだっ広い公園。その頃には太陽の力が雲に勝ってきて、雲間からプリズムで屈折したような虹色の光が射し込んできていた。ところどころに覗く空が、見知ったものより蒼く濃く感じられたのは気のせいだろうか。しばらくすると霧も流れ、谷に落ち込んだ向こう側の大地が、おどろくほどのスケールで空に続いていくのが見えた。ナビンが空を指しながら、やっと見えたねと言う。その視線の先に、山と山の稜線のあいだに、ちょこんと突き出たとんがりがあった。なんだろう、と一瞬戸惑った。あれがエベレストだ。高さはあるけれど意外と小さい。なんだかあっけない結末。この数日間、エベレスト街道を歩きながら散々に触れてきた景色に、すでに圧倒されていたのかもしれない。

ナビンは景色をちらっと見ただけで、公園のはじっこで警備員とお喋りをしている。ああ、彼にとってこれは当たり前の風景なのだ。この日常のなかで彼は仕事を求め、お金を稼いでいる。そして一人前のシェルパになることを目標に、日々の生活を頑張っているのだ。急に、早く日本に帰りたいという気持ちがこみあげてきた。わたしはわたしの日常で生きなければ。

今では旅をするたびに思う。わたしは帰るべき場所があるから旅ができるのだ。旅という非日常のなかで刺激と元気をもらって、そして自分のいるべき場所に戻ってもっと頑張って、日々を楽しむべきなのだ。ナビンは今、どうしているだろうか。すてきなお嫁さんをもらったかな。たとえどうあっても彼はいつでもにこにこと、笑顔を絶やさないでいることは間違いないだろう。

ナムチェまでは川沿いの緩やかな道を歩く。途中に何度か吊り橋を渡るが、荷物を運ぶゾッキョ（牛とヤクを掛け合わせた動物）が渡るときは、すれ違うことができない

旅のメモ

EVEREST TRAIL

エベレストへ続くトレッキングルート、
エベレスト街道。世界一の展望を求めて、
クーンブ山群を旅する。

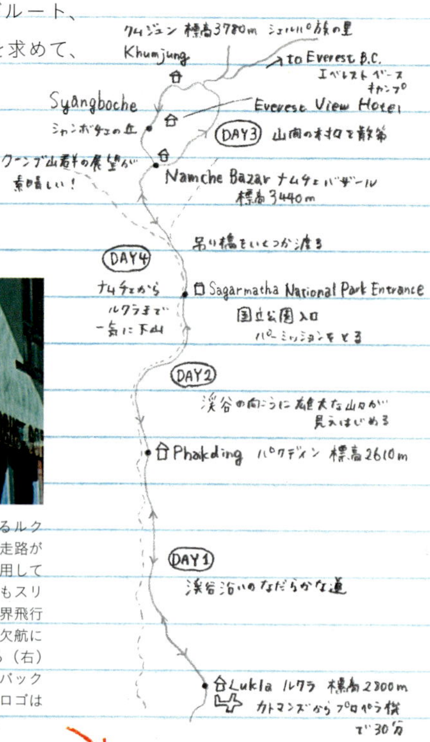

DAY.1

LUKLA > PHAKDING

カトマンズから飛行機でエベレスト街道の入り口、ルクラへ。ここからトレッキングがはじまる。川沿いの道をゆっくり歩いて、体を徐々に高度に馴染ませパクディンを目指す。

（左）山間にあるルクラの飛行場は滑走路が短く、傾斜を利用しての離着陸はとてもスリリング！ 有視界飛行のため悪天候で欠航になることもある（右）ルクラのスターバックスもどきの店。ロゴはアマダブラム山

DAY.2

PHAKDING > NAMCHE BAZAR

パクディンからナムチェバザールへ。朝に出発するとゆっくり歩いても夕方早くには到着する。トレイル沿いには村や学校が点在し、登山者だけでなく生活している人々も行き来する。

（左）ナムチェは最後の市場が開かれる村。食料品から生活用品、登山道具まで様々なものが並び、いつも活気がある（右）仏教の経典が彫られたマニ石は右回りで歩くのがルール

DAY.3

NAMCHE BAZAR > KHUMJUNG > NAMCHE BAZAR

ナムチェを拠点に散策するも天候が悪く、エベレストの展望は得られず。今回の最高標高点（3780m）になるシェルパの里、クムジュンでイエティ（！）の頭皮が祭られているという寺院をお参り。

（左）国立公園のオフィスにあったクーンブ山群の模型。展望がないので模型で想像（右）クムジュンの家々は白壁に淡い緑色の屋根で統一されていて、他の村では見ることのない静寂な風景が広がる

DAY.4

NAMCHE BAZAR > SYANGBOCHE > LUKLA

下山日。早朝から行動を開始してシャンボチェの展望公園へ。ようやくエベレストを望むことができた。その後、後ろ髪を引かれながらも登ってきた道を２日かけて一気に下り、夕刻にルクラに到着。

シェルパ見習いのナビンと記念撮影。後ろの美しい山はコンデリ山（6187m）。

トレッキングを終えた記念に、とシェルパがお祝いのケーキを用意してくれた

DAY.5

LUKLA > KATHMANDU

最終日は飛行機でルクラからカトマンズへ戻るだけなので、前日の晩は遅い時間までシェルパやポーター、クッカーたちも一緒に歌や踊りで盛り上がった。

YOSEMITE NATIONAL PARK

U.S.A.

ヨセミテ国立公園　アメリカ

ハーフドームの広い頂上から垂直に切れている崖を怖々と見下ろしたら、クライマーの勇姿が見えた。この後10分もかからないうちに登頂、周囲から拍手が起こった

自然と一体化したとき
そこに伝説はうまれた

黄色い岩稜に挟まれた深い渓谷。それは目の錯覚を利用して作られたかのように、奥に行けば行くほどすぼまり、向こうに見える空は針のような一線になっていた。左側にそびえるのはエル・キャピタン、あの奥に見えるのはハーフドーム。はじめて見る景色なのにその名前がすぐにわかるほど、わたしの頭にはその絵がしっかりと刻み込まれていた。憧れのヨセミテ。クライミングの聖地。

アメリカ、カリフォルニア州にあるヨセミテ国立公園。シエラネバダ山脈の中央に位置し、氷河に削り取られた渓谷や、その周囲にそそり立つ巨大な岩山がダイナミックな風景を形作っている。ヨセミテはアメリカで２番目に国立公園に指定された場所。早くから環境保全活動が行われ、現在では年間350万人もが訪れるアメリカを代表する国立公園となっている。観光客はもちろん、ヨセミテの自然になにより魅せられて集まるのがクライマーだ。標高差1000m近くもある岩壁、花崗岩《かこうがん》でできた壁にはクラックと呼ばれる割れ目が多く、彼らはそれを手がかりに素手で絶壁を登っていく。ユニークな形状の巨岩が点在するヨセミテは「いかに登るか」をクライマーたちに問う。どの壁をどのように登るか。幾通りもの挑戦が行われ、いつしかヨセミテは「クライミングの聖地」とまで呼ばれるようになったのだ。

目の前に現れた風景は想像していたよりもずっとスケールが大きかった。両脇にそそり立つ壁は、正面に見上げるとこちら側に倒れてきそうなほどの傾斜があった。こんなところを登る人が本当にいるのかと目を疑ってしまう。渓谷沿いの道を車で走っていると時々、路肩に車を停めて道に降りてきている人たちがいた。一様に壁を見上げているので、わたしたちもつられて車を停め、同じ方向を仰ぎ見た。垂直の壁のなかに蟻よりも小さな点が見える。まさに登攀《とうはん》中のクライマーだった。しばらく見ていると彼らの動きがなんとなく伝わってくる。クライミングがスムーズに進んでいないととにかくもどかしい。壁に取り付いている本人たちにとっては余計なおせっかいだろうが、ちゃんと登れているのか、間違ったルートを進んでいるのではないかと。どうしたって聞こえないだろうけれど、大きな声で声援を送りたくなる。1日で登りきれないときは、足場のない壁の真ん中にハーケンを打ち込んで空中ベッドを作り、落下防止のロープを身体にくくり付けて夜を過ごすこともあるという。話に聞いてはいたが、実際の壁を目の前にすると、そんなこと絶対に有り得ないと思うのだった。

そのころのわたしはクライミングに夢中になっていた。きっかけになったのは、リン・ヒルという女性クライマーに本を通じて出合ったことだ。150㎝にも満たない身長に、小さな手。その小柄な姿を見たクライマーたちは、まだ無名だったリンのことをからかったという。それでも、ひとたびリンが岩を登りはじめると、彼女のクライミングの優雅さに息をのんだという。今ではさまざまなスタイルでクライミングがされるようになったけれど、当時は筋力勝負の登り方が一般的だった。しかしリンのクライミングは力で壁を制するのではなく、子どものころに体操で培った連続性のある動きで登るのだ。それはバレエでも踊るかのような美しいもので、自然と反発し合うのではなく、自然と馴染み、味方にする。わたしはそのスタイルに深く共感した。

ヨセミテにはエル・キャピタンとハーフドームという有名な岩壁がある。エル・キャピタンは花崗岩でできた高さ約900mの一枚岩。ハーフドームは球をナイフで縦に割ったような形で、垂直にそびえる

キャンプ4の近くの岩にあったいたずら書き。年号が見えるから、誰かがこの岩を登ったときに描いたのだろうか。岩ひとつにも小さな歴史が刻まれている

ヨセミテのなかでも岩が多く、多くのクライマーが長期滞在するキャンプ４。エル・キャピタンの麓にあり、クライミングに挑む前の情報交換の場となっている

絶壁は約1500ｍもの高さがある。世界中のクライマーが憧れる壁ではあるが、両方ともハイカー用のトレッキングコースが整備されていて、麓のビジターセンターから頂上まで日帰りで往復することができる。

その派手な容姿のせいか、観光客から人気があるのは断然にハーフドームのトレイルで、岩の登り口には数時間待ちの行列ができるほど。傾斜がきついために岩に固定されたワイヤーを手がかりに登らなければならず、それは砂糖を目指して行列をなす蟻のように見える。いっぽうのエル・キャピタントレイルは混み合うことはなく、静かなトレッキングを楽しめるという。下から見上げると上部は岩ばかりに見えるけれど、実際には樹木も多く、木漏れ日を浴びながらのトレッキングは気持ちがよさそうだ。なにより、エル・キャピタンはリン・ヒルのクライミング人生が刻まれた特別な岩でもあるのだった。

エル・キャピタンのクライミングルートのなかでももっとも難しいとされるノーズルートは1958年、47日間という途方もない時間をかけてウォレン・ハーディングらによって初登攀された。79年、リン・ヒルは補助器具を使ったエイドクライミングによってノーズルートを登攀。その後７回もの挑戦を経て、94年にワンデイフリークライミング、つまり補助具を一切使わないスタイルで、たった１日で登りきった。その間、彼女はずっとヨセミテに通っていたわけではない。クライミングの資金を得るために競技クライミングやアクロバティックな実演を求められる過激なテレビ番組に出演したりして、世界中を転々としていた。それでもあるとき、クライミング人生のスタート地点を振り返るようにヨセミテに戻ってきたのだった。

エル・キャピタン上部までの道は思いのほか長かった。灰色の岩を背景に、白骨化した樹々が勢いよく筆で描いたかのように立っている。それは独特な風景だった。なだらかな傾斜が続く広い斜面に出た。木陰を見つけて足を投げ出し、風を浴びた。普通のトレイルを歩いてきただけなのに、乾燥した空気と暑さにすっかり疲れていた。目の前

斜度のあるハーフドームは細いワイヤーをつたって登って行くため手袋が必須。登り終わった人が捨てた手袋を、あらたに登る人が拾って、また捨てていく

エル・キャピタントレイルですれ違ったアメリカ人の女性グループ。ちょっと散歩に出てきましたと言わんばかりの身軽な格好がすてき。とても元気で、輝かしかった

の傾斜は50ｍほど先で見えなくなっている。下っていくと、高さ900ｍの断崖絶壁はどんな風に足元に現れるのだろうか。本当はリンが登攀したノーズルートの終着点まで行きたかったけれど、崖を想像するだけで足がすくみ、それ以上先へ進むことはできなかった。

近寄ることすら恐怖心を覚える岩壁に、何日間もかけて挑むクライマーの精神力とはなんなのだろう。ヨセミテに来て、彼らの登った場所を違う角度からでも眺めることで、さらりとした文章で記された登攀の記録が、どれだけ困難なものであったかを知ることとなった。リンも才能があったとはいえ、いつでも簡単に登れたわけではなかっただろう。輝かしい功績のためには、多くの経験と入念な準備と根気が必要だったはずだ。そしてなにより自然と馴染み、一体化することにどれほど努力していたことか。

——私にとってクライミングとは、自然のなかで自分の内なる自然と向き合う探検にほかならない。二十六年前、南カリフォルニアの岩場になにげなく出かけたことからスタートしたものが、世界について学び、他者と経験を分かち合い、一人の人間として成長させてくれる牽引車となった（リン・ヒル『クライミング・フリー』より）

どこかの山に登頂したときに、それを「落とした」とか、「征服した」という言い方は、わたしはとても苦手だ。他人がその言葉を使っていたならば、そういう気持ちで彼らは山を登っているのだと、どこか一歩引いた感情を抱いてしまう。人はけっして自然に勝てるものではない。むしろ人は自然に生かされているのだと、常に謙虚な気持ちは忘れるべきではないと思っている。ヨセミテで偉大な自然に触れて、偉大な人物の過ごした時間を感じた。どんなクライミングも登山も、人は常に自然と調和しながら過ごしていくべきなのだ。リン・ヒルというひとりの女性クライマーを通じて、強くそう思うのだった。

旅のメモ

YOSEMITE NATIONAL PARK

アメリカ・カリフォルニア州、シエラネバダ山脈にある
ヨセミテ国立公園でクライミングの精神に触れる。

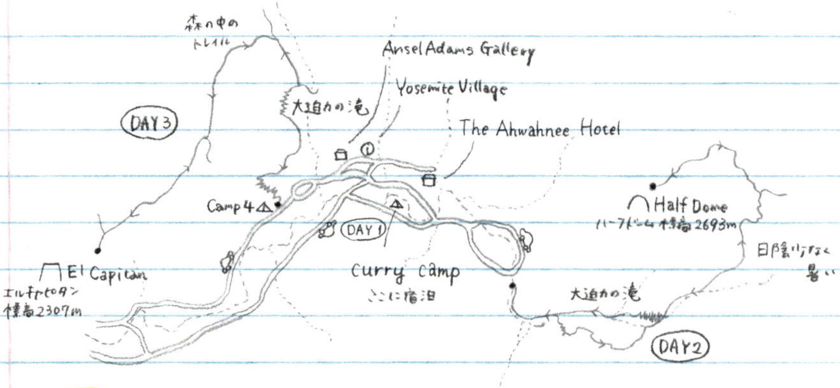

DAY.1

SEQUOIA NATIONAL PARK > YOSEMITE NATIONAL PARK

巨木が有名なセコイア国立公園から旅ははじまり、ヨセミテ国立公園に移動。車で４時間半の距離。宿泊はカリービレッジにあるハウスキーピングが入るテントで。快適なキャンプ生活。

（右）涼しげな木陰に荷物を置いて休憩。巨大な松ぼっくりがたくさん落ちていてびっくり。それだけ木々が大きいということ（下左）麓の森は豊かで、野生動物にも出合える。肉眼で見える距離にシカがやってきた（下右）ヨセミテ渓谷入り口からの眺めは圧巻。左手にエル・キャピタン、右奥にハーフドームを望む。クライマーたちはこの険しい岩にとり付いて、長いときは数日間もかけて直登する

DAY. 2

CURRY VILLAGE <>
HALF DOME

キャンプとハーフドームを往復。頂上へは岩のワイヤーを頼りに登るため、混雑時には順番待ちの行列ができる。朝9時過ぎに歩き出して、夕方6時頃にキャンプに戻る。

（左）ハーフドームへのトレイルの途中には、340kmという距離を誇るジョン・ミューアトレイルの分岐がある（中）渓谷の両脇の岩山はそそり立っているので、流れ落ちる滝も迫力満点（右）ハーフドームの頂上へと続く行列。かなりの斜度だけれど、ワイヤーがあるので大丈夫

DAY. 3

CURRY VILLAGE <>
EL CAPITAN

キャンプとエル・キャピタンを往復。ハーフドームへは順番待ちで時間がかかったが、エル・キャピタンへは純粋に距離が長く、順調に歩いても１日がかりの行程となった。朝９時過ぎに歩き出して、夜７時頃に戻る。

（右）キャンプ４の岩で見つけたペイント。多くのクライマーが滞在していた（下）エル・キャピタンの頂上には巨木が鎮座

DAY. 4

YOSEMITE
NATIONAL PARK >
SAN FRANCISCO

午前中は公園内を散策。高級リゾートホテルであるアワニーホテルや美術館などを見て回る。午後、翌日の帰国フライトのためにサンフランシスコへ向かう。車で３時間半の距離。

アワニーホテルは誰しも一度は泊まってみたいと憧れる老舗ホテル。山岳リゾートの趣ある内装で、ロビーだけでも見学する価値あり。次は泊まってみたい

YAKUSHIMA

JAPAN

屋久島　日本

屋久島は水の森だ。山の上から流れてくる
沢の水はどこまでも透明で、流れていく白
い小花は宙に浮いているように見える

島の案内人は
森を深く愛する人だった

屋久島へはもう来なくていいかな。あの旅をするまでは、そんな風に思っていた。最初に会ったときから、その態度に苦手な印象を受けていたガイドさん。案の定、２日間のトレッキングの終始、うまく嚙み合うことはなかった。思い出は残らず、膝の痛みだけが残った。それまでにも屋久島は何度か訪れていて、その度に好きになっていたのに、自分でも意外なほどに興味が薄れていくのがわかるのだった。

苦い思いをした屋久島登山の翌年、エベレスト街道のトレッキングツアーで出会った栗田珉《たみ》子《こ》さんという女性と、思いがけず屋久島へ一緒に行くことになった。彼女は70歳を目前にしながらも潑剌《はつらつ》とした人で、エベレスト街道を一緒に歩いたグループのなかでも一番に体力があったのではないかと思う。北海道在住の栗田さんは定年退職後、若い頃に趣味にしていた登山を再開し、国内をはじめアフリカや南米にまで足をのばしている。彼女にとって、九州最高峰の宮《みや》之《の》浦岳《うらだけ》と樹齢3000年にもなる縄文杉がある屋久島は憧れの場所だという。

同じ島とはいえ、宮之浦岳と縄文杉はどちらも山の奥に位置しているうえ、距離は随分離れている。ふたつの場所を一度に訪れるとなると、山中で２泊はしないとならない。ところが屋久島には避難小屋といわれる無人小屋しかなく、混雑時には定員オーバーで使用できない場合もある。慣れた人ならテント泊の装備で入山するのだけれど、これまでほとんどの登山をツアーや山小屋泊で行ってきた栗田さんはテント泊の装備を背負って登山をした経験がない。重い荷物を背負って歩くのは不安だと、憧れの屋久島登山を躊躇していたのだった。

栗田さんと屋久島の話をするうちに、その魅力を熱く語っている自分がいた。栗田さんは宮之浦岳にも縄文杉にもすでに行ったことがあるわたしに、ぜひ案内してほしいと言うけれど、わたしも自分の荷物を背負うので精一杯である。そんなときに思い出したのが田《た》平《びら》拓《たく》也《や》さんというガイドさんだった。正確には、友人が田平さんと山へ行ったときの話を思い出したのだ。ガイド自体も面白いし、そのうえテントから炊事道具まで共同装備をすべて担いでくれるという。それならば栗田さんに負担をかけずに登山ができるのではないかしら。そうして、わたしは栗田さんと一緒に屋久島登山にでかけることとなった。

数ヶ月ぶりに再会した栗田さんは相変わらず年齢を感じさせず、潑剌としていた。屋久島空港で挨拶を交わすこととなったガイドの田平さん。大男でも小柄でもなく、短パンから出た足は引き締まっていて、足元はビーチサンダルという気の抜けた具合がいい。初対面のやさしい笑顔に、この人なら絶対に大丈夫だと思った。翌日から出発した２泊３日の山旅。今回は荒川《あらかわ》登山口から縄文杉を経て宮之浦岳に登頂、島の西側の花山《はなやま》歩《ほ》道《どう》へ下山するルートをとった。噂では耳にしていたけれど、田平さんが担いだそのバックパックの巨大なこと。後ろから見ると冷蔵庫を担いでいるように見える。途中ですれ違う他のガイドさんには、嫁でも背負っているのかと茶化されていた。

大きな荷物を背負いつつも、田平さんはペースよく前を歩いている。かと思いきや、ここに荷物を置いて、森のなかに入ってみましょうと小道に逸れていく。すこし先に、森のなかにぽっかりと日が射し込んでいる空間があった。１本の倒木が他の木を巻き添えにして倒れているのだ。倒木の上にはたくさんの種子が芽を出し育っていて、新しい森がそこからはじまろうとしている。田平さんはそのサイクルをわたしたちに見せてくれた。

デッキで寝転び、空を見上げる。ずっと高いところで木の葉がゆらぎ、さらに高いところから眩しい光が降ってくる。栗田さんと旅したときは、まだ翁杉は健在だった

トレイル上にウッドデッキや平たい岩があると、休んでいきましょうと脇に荷物を置いて、仰向けに寝っ転がる。躊躇しつつも並んで寝転がってみると、樹々の青い葉が覆い被さり、その隙間からキラキラと光が降ってきた。歩きながら空を仰ぎ見ることはあるけれど、こんな風に仰向けになって眺めるのは、そういえばはじめてだ。促されなければ気づかずに通り過ぎてしまうであろう森の見方や楽しみ方を、田平さんに教えてもらった。そのたびに自分なりの自然に対する目線が鍛えられていくような気がした。

田平さんは長崎県の出身。今では屋久島に家族を持ち、ガイド業を営んでいるが、ガイドになる前は屋久島で「きこり」の仕事に従事していた。屋久杉で有名なこの島は江戸時代から林業が盛んで、屋久杉の切り株や倒木を森から運び出す「きこり」と呼ばれる人々が島の林業の一翼を担ってきた。深い森のなかで巨木を切り出す仕事は危険と隣り合わせ。技術と体力だけでなく、感覚のすべてを駆使しなければ務まらない仕事だったそうだ。でもその分、真摯に山に向き合うことができる。田平さんは「きこり」として働くことで、山や森のことをより深く学びたかったのだという。

縄文杉から宮之浦岳に至る道中に「翁杉《おきなすぎ》」という巨木があった。ここでも田平さんはデッキに寝転び、わたしと栗田さんに立派な老木を見せてくれた。でも現在そこに杉はなく、ただデッキがあるだけだ。じつは翁杉は数年前、幹の腐食によって倒れてしまった。栗田さんと一緒に登山をしたのち、再び田平さんと同じルートを歩いたとき、彼は翁杉のあった場所をじっと見つめていた。1本の木に深い感情を抱く。それは彼が「きこり」として森を歩いた時間があったからではないだろうか。きこりの仕事は森を育て、後世に残すことでもあるからだ。森のなかで田平さんが「倒木更新」の説明をしてくれたことを思い出した。倒れた翁杉にも何年か後には新しい命が芽吹き育っていく。田平さんと一緒に森での時間を過ごすにつれて、わたし自身もそ

永《なが》田《た》岳《だけ》の頂上直下にある祠。登山道から少し外れたところにあって、知らないと見過ごしてしまう。わたしが山岳信仰に興味があると知って、田平さんが案内してくれた

ヤクシマシャクナゲ。本州の花より小振りで、一枝にぎゅっと密集して咲く姿が鞠のよう。雨上がり、花びらには蜜のような水玉がたくさんついていた

んなことを自然と考えられるようになっていた。

しっかり予定が組まれたツアーで山に行くことがほとんどだという栗田さんにとって、今回の登山は慣れないものだったかもしれない。どこで休憩して、どこで夕焼けを眺めて、いつ下山するか。田平さんは行程のすべてを森と、一緒に歩く仲間と会話しながら決めていくからだ。でも、栗田さんはもともと自然体な人。登山も終盤になると、食事ですよと呼びにいくまで木漏れ日のもとでぐっすりと眠っていたこともあった。こんなにゆっくりと登山を楽しんだのははじめてよ、とうれしそうに話していた顔が忘れられない。

目的にしていた宮之浦岳と縄文杉だけでなく、そこに至る道のりにも楽しみはたくさんあった。達成感というのは登山において省きがたいもののひとつだけれど、こころにより残っていることは、そんな栗田さんの様子や田平さんの森に対する眼差し、道中での出来事だ。いい思い出がたくさん築かれると同時に、もっと屋久島のことを知りたい、そう思うようになっていった。

何度でも足を運びたくなる場所というのは、そこに誰かがいるからだと強く思っている。いつだったか、あんなに嫌な思いをした屋久島に、今では年に数回通っている。なにをするか、どこへ行くかは、たいてい島に着いてから田平さんと相談して決める。以前のわたしだったら有り得ない。予定は前もって決まっていないと不安だったけれど、今ではどこを旅するのでも、あまり決め込んでいかない。天気も自然も日々変わっていくなかで、自分で決めた予定に振り回されることなく、その状況でもっともいい過ごし方をする。ある意味、贅沢な時間の使い方を教えてもらったのだ。

あのとき、満足気な表情で登山をして、栗田さんとわたしは旅を終えた。しばらくは北海道と東京のあいだで手紙のやり取りをしていたけれど、このごろはすっかりご無沙汰している。どうしているかな。久しぶりにまたお便りを送ってみようと思う。

白いハートはヤクシカのおしり。警戒時には毛を逆立てて威嚇するが、警戒心が薄いシカがほとんど。シャクナゲと同様、本州より小さく、子鹿かと思ってしまうほど

旅のメモ

YAKUSHIMA

九州最高峰である宮之浦岳と樹齢3000年といわれる縄文杉に会いにいく。島を東から西へと徒歩で横断する旅。

DAY.1

荒川登山口 > 縄文杉 > 新高塚小屋

朝4時に麓の宿泊先を出発して荒川登山口へ向かう。道はわりと平坦なトロッコ道からはじまり、徐々に勾配のある登山道に。登りきった先で縄文杉とご対面。新高塚小屋の脇でテント泊。

（左・中上）現役のトロッコ道。木材の運搬やトイレの汚物を運ぶために使われている。樹齢1000年に満たない若い杉は小杉と呼ばれている（中下）初日の朝と昼ごはんは麓で買ったお弁当。ガイドの田平さんが湯を沸かして味噌汁をいれてくれた（右）縄文杉の前で記念撮影をするも、樹が大きすぎて写真に収まらなかった

DAY.2　新高塚小屋 > 宮之浦岳 > 鹿之沢小屋

シャクナゲの森を抜けると、森林限界を越えて見晴らしのいい山歩きになる。登り下りを繰り返して宮之浦岳と永田岳の山頂を越える。登山道は再び森へ。２日目の宿泊予定地は鹿之沢小屋。小屋の近くでテント泊。

（上左）朝や夕暮れ、そして星空。山に泊まった人だけが楽しめる景色がある（上右・下左）５月後半の屋久島はシャクナゲの花の季節。年によって咲く花の量は当たり外れがあるとか。栗田さんと一緒に歩いた年は当たり年で、満開のシャクナゲの森は空気までピンク色に染まるようだった（下右）田平さんが作ってくれた夕飯は屋久島名産トビウオのすり身入り鍋

DAY.3　鹿之沢小屋 > 花山歩道入口

最終日は鹿之沢小屋からゴールになる花山歩道入口まで。行程はずっと下り道が続く。行程が短いので、途中通過する花山広場でゆっくりとした時間を過ごすことができた。

（右）森で古い瓶のなかに羊歯植物が育っていた（下左・下右）岩や倒木は青々とした苔に覆われて、よく見ると小さな花をつけていた（下中）最後の食事となったお昼ごはんは、熱々のホットサンド

CHILKOOT TRAIL

CANADA — U.S.A.

チルクートトレイル　カナダ、アメリカ

アラスカからカナダへの国境を抜けたら景色が明るくなった。広々とした川沿いの道になったからか、それともゴールが近づいたからか、足取りが軽くなってきた

重きを背負って越える
人生を夢見た峠道

長い旅のはじまり。わたしたちは南東アラスカのスキャグウェイにいた。その町はカナダとの国境をすぐ近くに、また太平洋への玄関口としての港を持つ。開けているようでいて、閉ざされている。国境を越えるか、船に乗るかしないとたどり着けない。わたしたちはアラスカの州都ジュノーからフェリーで6時間かけて着いたのだった。これからひと月、アラスカのトレイルを歩いて回る。その最初となるトレッキングを明日からはじめるとあって、気持ちは高揚していた。

スキャグウェイには大型客船がひっきりなしに寄港する。南東アラスカ独特のフィヨルドの奥にあるとはいえ、そこまでの絶景があるわけでもない。そんな片田舎の小さな街が観光地となっているのには、ひとつの理由がある。今から約100年前、カナダ・ユーコン準州のクロンダイク川で発見された金鉱を発端にはじまったクロンダイク・ゴールドラッシュ。一攫千金を夢見てアメリカ全土から押し寄せた金鉱師たちは、アラスカ側からはユーコン川を、カナダ側からはペリー川を遡り、クロンダイク川流域を目指した。そしてもうひとつ、南東アラスカの海岸線から徒歩で山を越え、途中にぶつかるユーコン川を下る最短ルートがあった。その起点となったのがスキャグウェイだ。

そしてなにを隠そう、わたしたちも同じものに惹かれてスキャグウェイまで来ていたのだった。といっても“金”そのものではない。100年前の金鉱師たちが歩いたその道をたどるためだ。金を求めてこの土地にたどり着いた人々は、ここで最後の準備を整えて長旅に出た。目的地はカナダ・ユーコン準州のドーソン。金鉱が発見されたクロンダイク川に近いその村には、当時3万人もの金鉱師が押し寄せ、ゴールドラッシュの中心地となっていた。現在、ドーソンまではハイ

キャニオンシティに遺された蒸気機関の頭。こんな大きな物まで運ばれてきていたとは、ゴールドラッシュ当時、ここがどれだけ賑わっていたかがうかがい知れる

ウェイが通っているけれど、当時は自分の足と川を下る小さな船、雪の時季には犬ぞりという移動手段しかなかった。スキャグウェイからユーコン川と合流するベネット湖畔までは徒歩での道のり。途中には難所の峠があり、命を落とした者も少なくなかったという。それでも多くの金鉱師があえて険しい峠越えのルートを選んだのは、ライバルより少しでも短いルートを選びたかったからだ。現在チルクートトレイルと呼ばれているその道こそ、わたしたちが目指すトレイルなのだ。

約53kmのチルクートトレイルを４泊５日の行程で歩く。途中に有人の小屋はなく、全行程の食料と炊事道具、テントなどを背負う。水場の水質が確かではないのでポータブルの浄水器も必要。なんだかんだで荷物はふくらみ、わたしは60ℓのバックパック、友人はさらに大きな荷物を背負うことになった。歩きはじめてすぐに森はうっそうとして、人工的なものから隔絶された大自然に入り込んでしまったようだった。湿度の高い森、木々の枝からはひげのような苔がぶら下がり、アラスカらしい風景をつくりだしていた。ところが数時間経つと重い荷物が苦しくて、森の風景すら目に入ってこなくなった。

初日にして軽く悪態をつきそうになった頃、森の奥になにかが見えた。それは朽ちた丸太小屋だった。簡単に立てられたひと間だけの小屋。錆びた空き缶や割れたガラス瓶が土に埋もれている。それらはゴールドラッシュ時代の旅人たちが残したものだった。なかにはオーブンや蒸気機関の頭など、想像以上に大きな物が当時の状態のまま放置されていることもあった。

峠の先、カナダ側のベネット湖から雪解けと同時に船旅をはじめるために、金鉱師たちは冬の間に峠を越えなければならなかった。金鉱師と人夫たちとの間では法外な交渉が持たれ、何往復もかけて荷物が運ばれたそうだ。そのとき運ばれたであろう多種多様なもの。何らかの理由により旅の途中で打ち捨てられたものが、今でもこのチルクートトレイルには残されている。チルクートトレイルが、「世界一長い

スキャグウェイの教会。祭壇の奥には雪のチルクート峠を越える人々の姿が描かれていた。ここはこの歴史のもとに栄えた街であり、破れた夢でさえ、尊いものなのだ

博物館」と呼ばれているのはこのためなのだ。生活だけでなく、人生をも一緒に背負って歩いた金鉱師たち。その峠越えの苦しさは現在のトレッキングとは比べものにならないものだっただろう。たかが5日間の荷物で喘いでいる自分がちっぽけに思えてくるのだった。

2日目に迎えた峠越え。雲が重く垂れ込め、森林限界を越えた岩場は灰色の世界だった。ところどころに残った雪はすでに腐れ雪で、足を置くとぐずぐずと沈むような感覚があった。昔の人たちは感傷に浸ることもなく、雪の峠を一歩一歩、足を深く沈めながら登っていったのだろう。峠を越えた先はカナダだ。明瞭な国境の線引きがあるわけではなかったけれど、こちら側と向こう側では明らかになにかが違っていた。壁のように立ちはだかる灰色の峠を越えて、ぱっと開けたカナダの景色を目にすると、どこか前向きな気持ちになれた。その昔、必死の思いでこの峠を越えた人々の気持ちにも、同じようなものがあったかもしれない。夢に見た金鉱に巡り合うこと。新天地を求める人生への大きな期待。そうした強い思いを支えに、数えきれない人々がこの峠を越えていったのだ。

ベネット湖をゴールにトレッキングを終えると、観光列車で再び国境を越えてアラスカに戻った。旅のはじまりと同じように町はずれのキャンプ場で夜を過ごそうと町を歩いていると、芝生の庭が青々と輝いている小さな教会を見つけた。吸い寄せられるようになかに入ると、誰もいない。奥には祭壇がしつらえられた礼拝のための部屋があって、その正面の壁には雪のチルクート峠を歩いて越えようとする金鉱師たちの姿が描かれていた。教会の壁にとは意外だったけれど、それほどに、この土地では大切にされている歴史なのだ。

祭壇を前にわたしは祈るのではなく、つい数日前に歩いて出合った景色を静かに思い出していた。金鉱を追い求めた人々の旅が、峠を越えてもなお永遠に続いたように、わたしたちのこの夏の旅もまた、まだはじまったばかりだった。

何の羽だろうか、森からさえずりが聞こえてくるが姿は見えなかった。人々の遺物は消えてなくなることはないかもしれないけれど、羽はいつか土に戻っていく

旅のメモ

CHILKOOT TRAIL

ゴールドラッシュの足跡をたどり、アラスカからカナダへ国境を越えて歩く53kmのトレイル。

DAY.1

SKAGWAY > DYEA

ジュノーからスキャグウェイまでは州営のカーフェリーで6時間ほど。国立公園のオフィスで入園の手続きをしてから、車でトレイルのスタート地点があるディヤへ。駐車場の脇でキャンプする。

（上）フェリーのなかに掛けられた写真と非常用の斧。まるで博物館のよう（下）航路は南東アラスカを代表するフィヨルドの海。森から流れる水は栄養分が豊富で、多くの海獣が集まる。フェリーからザトウクジラが見えることも

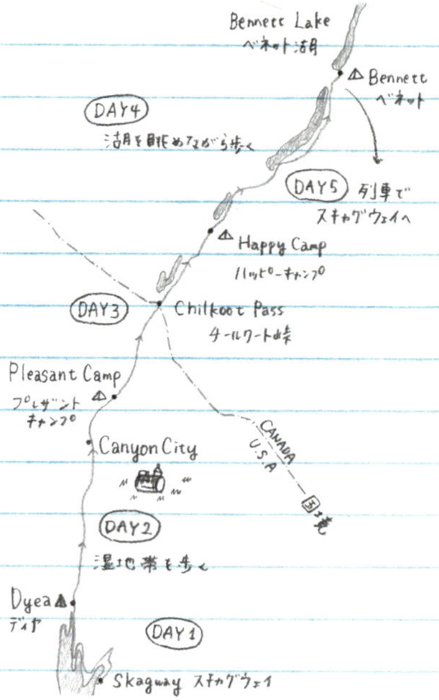

DAY.2

DYEA > PLEASANT CAMP

ディヤを出発。ゴールドラッシュの面影が残る廃村キャニオンシティを経て、プレザントキャンプへ。16.9kmの行程。登りは緩やかだったが、重い荷物にまだ慣れていなかったせいか、ひどく疲れる。

（左）トレイルの看板にはチルクート峠を越える人々の姿が描かれている（右）雨の多い南東アラスカの森は苔に覆われ、空気まで蒼い

DAY.3

PLEASANT CAMP >
HAPPY CAMP

プレザントキャンプを出発して標高1097mのチルクート峠を越え、さらに国境を越えてカナダに入る。明確な国境線があるわけではなく手続きもない。16kmの行程。

（左）当時の峠越えが相当困難だったのか、峠付近には多くの物が打ち捨てられていた（右）テント泊が続くので、途中出くわした沢で洗髪した

DAY.4

HAPPY CAMP >
BENNETT

ハッピーキャンプからベネットまで21km。ロングレイクなど、湖を眺めながらのトレッキング。この水の流れが金鉱師たちが金を求めて船で下ったユーコン川につながっていく。

（左）広くて快適なキャンプ場。熊から食料を守るためのフードロッカーも完備（右）カナダ側はなだらかな地形。チングルマの綿毛が一面に広がっていた

DAY.5

BENNETT > SKAGWAY

スキャグウェイへは予約していた列車で戻る。昼過ぎの出発までベネット周辺を散策。スキャグウェイから車を置いているディヤまではタクシー移動。

（左）列車の乗客はほとんどがスキャグウェイとベネットを往復する観光客（右）スキャグウェイの墓地には、金のナゲットが置かれた墓があった

TORRES DEL PAINE NATIONAL PARK

CHILE

トーレス・デル・パイネ国立公園　チリ

長旅の末に辿り着いたパイネ国立公園で最初に出会った風景。パイネ・グランデへ渡るボートの上で、これから一週間あの山の麓を歩くのだと思うと、心が踊った。

本物の冒険とはなにか
長旅の向こうに見たもの

「Tickets were already canceled（あなたがたのチケットはキャンセルされています）」。チケットカウンターの女性の突き放すような言い方に戸惑いながらも、強い口調で「Why?」と聞き返す。こちらの怒りが伝わったのか、さっきまで英語を喋っていたのに突然早口のスペイン語に切り替えられ、なにを言っているのか理解できなくなってしまった。アルゼンチンの首都ブエノスアイレスから、朝一の飛行機でカラファテという村まで移動する予定だったのだけれど、わたしたちのチケットは理由もわからずキャンセルされてしまっていた。空席があるのは２日後。仕方なしにあらたにチケットを予約して、釈然としない気持ちで空港をあとにしたのだった。

南米パタゴニア、目指すパイネ国立公園までの道のりはとにかく遠かった。ブエノスアイレスまでフライトを乗り継いで、すでに丸１日以上経っている。さらに国内線に乗ってカラファテへ飛び、バスで国境を越えてチリのプエルトナタレスまで行く。さらにバスを乗り継いでパイネ国立公園を目指すのだ。遠いことは覚悟していたけれど、トラブルのために足留めされたことは悔しい。トレッキングに費やせる時間が減ってしまったのが、残念でたまらなかった。

パタゴニアは南アメリカ大陸南緯40度からさらに南に広がる地域を指す。マゼランがその地を旅したときに出会った先住民族パタゴンから、パタゴニアという名前がついたそうだ。アルゼンチンとチリ、ふたつの国に広範囲にまたがり、その間をアンデス山脈が貫いている。その峰が終わるあたりに、パイネ国立公園はある。以前から漠然と魅せられてはいたけれど、たまたまテレビで見たトーレス・デル・パイネの景色が印象的で、一気に訪れたい気持ちが膨らんだのだ。

トーレスはスペイン語で「塔」、パイネは先住民の言葉で「青」という意味。空に突き抜けた岩山、その姿を実際に間近で見たら、どんなに美しいだろうか。さらにガイドブックで調べると、その青い山群を見上げながら一周できるトレイルがあった。それは「もっとも長く、もっとも野性的なトレイル」と表現されていた。行程は寄り道をせず順調にいけば、一周８日間。予備日を考えると追加で２日、トレッキングだけで10日間も必要となる。氷河に近い峠の気候は崩れやすく、夏でも雪が降ることがあるという。道中はすべてテント泊。今までに経験したことのない行程に、想像しただけで興奮してくるのだった。

ところが期待で膨らんだ心は、ブエノスアイレスでのチケットトラブルで一気にしぼんでしまった。噂には聞いていたけれど、南米の旅は本当に一筋縄ではいかないと思い知らされた。仕方なしにブエノスアイレスで数日を過ごしたのち、ようやくカラファテに飛ぶことができた。翌日はバスでの移動で丸１日を使って、パイネ国立公園の入り口となる湖のほとりにたどり着いたのだが、その頃には日本を出てからすでに５日も経ってしまっていた。

トレッキングに費やせる日数が減ってしまったので、予定のトレイルの中間地点であるパイネ・グランデという地点からスタートするよう計画を変更した。パイネ・グランデまではボートで湖を渡っていく。湖は氷河から流れ出た水でできているようで、淡い水色をしている。風を切って湖面を進むにつれて、対岸におどろくべき景色が現れてきた。緑の森から突き出た灰色の濃淡の岩山。それはテレビで見た風景よりもよっぽど迫力があって、沈んでいた気持ちが一気に盛り返してくるのだった。

パタゴニアではホーストレッキングも盛ん。トレイルは馬用と人用に分かれていて、足下にはルートを示す道標が。ガウチョと呼ばれる馬使いが巧みに乗りこなす

ところがボートを降りてたどり着いたパイネ・グランデのキャンプ場に、すぐに違和感を持った。いくら人気の地とはいえ、そこは観光地ではなく、トレッキングの準備が必要とされる自然の奥地である。人が多いだけならまだしも、併設されたキッチンハットには電源やガスコンロまであって、その過保護な環境におどろいてしまった。とはいえ、重いバックパックを担いでのトレッキングは歩きごたえがあり、楽しい時間だった。パイネの大きな山群をまわるとあって、景色や気候が変化に富んでいる。サークル状になったトレイルでは人とすれ違うことが多いけれど、脇道に逸れると一気に静かになる。山との距離感が縮まり、迫力ある氷河を目の前に歩くことができる。鈍く低い音が響き渡った。その先に目を凝らすと、崩れ落ちた氷河が雪煙になって舞い上がっているのだった。

森のなかのキャンプ場は整地されてはいるけれど、パイネ・グランデのような近代的な設備はない。そのために人気がないのだろうか、その日は数張りのテントしかなかった。静かな夜。「静かな」というのは人が出す音がしないということで、自然の音はよく聞こえてきた。森の上をごうごうと風が吹き抜けていく。ここにきてようやく、はるばるパタゴニアまでトレッキングにきたという充足感を抱きながら眠ることができた。

期待していたような自然に触れることができて、翌日からはさまざまなことを前向きに捉えられるようになっていた。景色が一段階明るくなった気さえした。その日は風がなく、静かな湖面に空が映り込んでいた。空の青と水の青は、山の灰色の岩肌をも青く照らす。パイネ＝「青」と呼ばれるようになったのはそのためかもしれない。

わたしは自然になにを求めているのだろう、とパタゴニアのトレイルを歩きながら考えていた。パイネ・サーキットはルートから外れると人の気配が減っていくけれど、ルート上ではトレイルもキャンプ場もあまりにも人の手が入り過ぎているように感じた。もっと自然に囲

トレイルの脇で、あまりにも光が美しくてシャッターを押したら、不思議と虹が映り込んだ。アザミのように見えて、でも足下の葉はタンポポのようだった

まれたい、もっと人から離れたい。自分ならもっと大自然のなかでやっていくことができるはずだ。そんな自信過剰な思いを少なからずわたしも持っていたと思う。そして同じような思い持つ旅人はわたし以外にもたくさん存在する。そのことを証明するかのように、わたしたちがパタゴニアを旅した数週間後、パイネ国立公園で大変な事件が起きてしまったのだ。

それはハイカーの焚き火の不始末による山火事だった。国立公園内では、たとえキャンプ場でも焚き火は禁止されているのに、そのハイカーはキャンプ中に焚き火をしたのだ。常に強風が吹くことで有名なパタゴニア。小さな火はあっという間に燃え広がり、1万ヘクタールもの森を焼いてしまった。その森がもとの姿に戻るには20年以上もの年月が必要だという。旅をしてきたばかりの場所から届いたニュースに、おどろきと悲しみがこみあげてきた。さらには、事故を起こしたハイカーとは同じでないにしても、自然に対してどこかおこがましい思いを持っていた自分に気づき、恥ずかしくも思った。

わたしたちが自然のなかで遊べるのは、その自然が人によって管理されているからなのだ。手が入っていない「登山道」なんて絶対に有り得ないように、わたしたちのような素人が、自然のなかで感動する景色に出合えるのも、すべて誰かのおかげなのだと思い知らされた。この大切なことを知ったうえで手つかずの自然のなかに入っていくことを、もしかしたら「冒険」と言うのかもしれない。

それでも、いまだに憧れはある。サークルから逸れたトレイルの突き当たりにあったキャンプ場から、地図上では破線で描かれた道がずっと続いていた。整備された一般的な登山道ではなく、バリエーションルートといわれる熟達者向きの道だ。経験と技術と傲《おご》りのないこころを身に付けたら、その先に行けるようになるだろうか。小さなものでもいい、いつかわたしも本当の「冒険」ができるようになりたいものだと思っている。

トレイル沿いの湖畔には氷河のかけらが流れ着いていた。登山靴を脱いでサンダルに履き替え、冷たさに凍えながらも水遊び。ここでしかできない贅沢な時間の使い方

旅のメモ

TORRES DEL PAINE NATIONAL PARK

南アメリカ大陸を貫くアンデス山脈が終わるところ。
青い氷と岩が大地を覆うパイネ国立公園を歩く。

DAY.1

PUDETO ＞ CAMP PAINE GRANDE

ブエノスアイレスから飛行機でカラファテへ。1泊して国境を越え、チリのプエルトナタレスでバスを乗り継ぎプデトへ。パイネ・グランデまではボート。国立公園までに丸2日。

ボートはハイカーでいっぱい。大きなバックパックは一ヶ所にまとめて置かれる

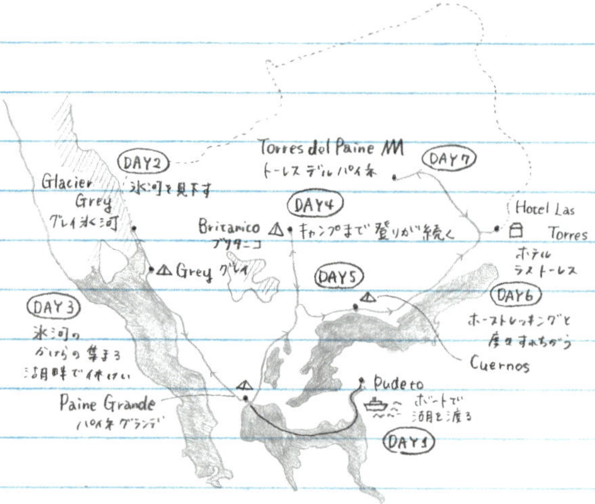

DAY.2&3

CAMP PAINE GRANDE ＜＞ CAMP GREY

パイネ・グランデからグレイ氷河を見るためにキャンプグレイまで1泊かけて往復する。約11km、4～5時間の道のり。キャンプ場にテントを張ってから、氷河を見下ろせるところまで散策した。

（上左・下左）「MIRADOR」とはスペイン語で見所という意味。巨大な氷河はこのトレイル最大のMIRADORであるグレイ氷河（右）キャンプパイネ・グランデは設備の整った大きなキャンプ場で、色とりどりのテントが張られていた

DAY.4&5

CAMP PAINE GRANDE >
CAMP BRITANICO >
CAMP CUERNOS

パイネ・グランデからバレー・ド・フランセスというパイネの山々に囲まれた渓谷へサイドトリップ。行程は約12km、5〜6時間、急な登りが続く道。宿泊はキャンプブリタニコ。

（左）キャンプブリタニコへのトレイルからは迫力満点のフランセス氷河を見上げることができる。氷河が崩壊して雪煙を上げることも（右）常に雄々しい山を望みながら歩くトレイル。後ろに見えているのはクエルノ・プリンシパル山、標高2600m

DAY.6

CAMP CUERNOS >
HOTEL LAS TORRES

最後のキャンプを終えてホテル・ラス・トーレスを目指す。行程は約11km、4時間。短い行程なので湖畔でゆっくり時間を過ごした。道は緩やかでホーストレッキングを楽しむ姿も見られた。

（左）氷河から水が流れ込む湖は青い。トレイル沿いにある湖では冷たい水にめげずに水遊びするハイカーの姿も（右）キャンプでの朝ごはんは前の晩に炊いたご飯をお茶漬けにするのが定番

DAY.7

HOTEL LAS TORRES <>
TORRES DEL PAINE

ホテルを拠点に、日帰りでトーレス・デル・パイネの展望がある地点を目指す。行程は約19km、8時間。長く疲れる行程だけれど、頑張った甲斐があった！と思える素晴らしい展望を得られた。

（左）ホテル・ラス・トーレスは雄大な景色を背景に建つリゾート（右）トーレス・デル・パイネは、その麓から流れ落ちる氷河湖越しに望むことができる

KACHEMAK BAY STATE PARK

U.S.A.

カチェマックベイ州立公園　アメリカ

氷河のかけら。トレイルを外れたところにある氷河湖の下流で出合った。限りなく透明で、複雑な形をしている。どんな宝石よりきっと綺麗だと思った

旅は夢を現実に
恐怖は幻を現実にする

宝石より綺麗なものが、この世にあるなんて。目の前に無数に落ちていた氷河のかけらに、わたしは夢中になっていた。

河原に打ち寄せられた氷河のかけらは、ふたつとして同じものがない。どこまでも透明で、光に透かすと幾通りにも屈折した風景が映り込む。なんだか違う時空まで見えそうな気がして、冷たい水のなかからいくつもかけらを拾ってきては並べて、順番に透かしていった。

南東アラスカのキーナイ半島。海に突き出たその場所へは、対岸のホーマーという港町から水上タクシーで渡っていく。2日後の午後1時に迎えにくるからと、運転手と心もとない口約束をして船を降りた。アクセスが悪い場所というのは、そのぶん自然も未開であるということだ。この辺りにはキャンプサイトと指定された場所はない。地図には「campable＝キャンプができる場所」と記されているが、実際には少し開けただけの場所だった。

荷物を置いて、まずは地図を頼りに水場を探した。ところが地図と実際の状況がだいぶ違う。地図に記されていた道は、実際は獣道と区別がつかない。藪を漕いでなんとか見つけた水場は、かすかに流れがある水たまりのようなものだった。テントを張った場所の近くには焚き火の跡があったけれど無人で、滞在した3日間、誰にも会わなかった。もしなにかが起きたらどうやって助けを求めたらいいのだろう。人がいない静かなキャンプにずっと憧れてきたけれど、実際のところ、まったく守られていない場所で時間を過ごすのは不安だった。

わたしがキーナイ半島を訪れたのは、氷河の撮影をする友人に同行するためだった。キーナイ半島は湾に面した側は湿地帯、外洋に面した側は山岳地帯になっていて、そのほとんどが氷河に覆われている。

アラスカでの食事のメインはたいてい鮭。
サーモンソーセージと呼ばれる鮭の燻製と
鍋で炊いた白いご飯と味噌汁、この上ない
ご馳走だ。カチェマックでのキャンプ風景

１日歩いたら中敷を出して靴を干す。６月のアラスカは過ごしやすい気候だが、常に晴れているとは限らない。晴れ間が出たときには、一斉に物を乾かす

湿地帯に流れ出る氷河の先端には湖ができていることが多く、歩いて近寄ることができるのだ。わたしたちが歩いたブルーアイストレイルは閑散としたキャンプ地からもわかるとおり、ハイカーが少なかった。トレイルの枝葉は伸び、道も荒れ放題で、樹の根は罠のように飛び出ている。それでも起伏がなく落ち葉の積もった道にあたると、そのやわらかさに心地いい気分になった。そんな見通しのいい道の真ん中に、こんもりとした山がある。熊の糞だった。まだ乾いていなくて温もりがありそうな糞に、思わず後ずさり。トレイルにはそんな「熊の置き土産」が何個も出てくるのだから気が抜けない。その度に友人と目を合わせ、必要以上に大きな声で喋りながら歩き続けたのだった。

森を抜けると河原のような岩場が続き、ひんやりした空気が高台の向こうから流れてきた。トレイルはすでになく、適当な足場を探しながら登っていく。登りきるとようやく目指した氷河が眼下に現れた。なだらかな流れだった。上流は白い曇り空と馴染むように雪原が続き、下流は着水する断面こそ見えなかったけれど、時折湖に氷河が崩れ落ちる音が聞こえた。氷河に降り立てたらと思っていたのだけれど、岩場と氷河の隙間が大きく、渡ることは諦めた。風が冷たい。名残惜しさもあるけれど、そろそろ帰路につかないといけない。

しかしここに来るまでに、思いのほか時間も体力も奪われてしまっていた。わたしたちは同じ道を戻らずに、川沿いに下りることにした。このまま流れに沿って進めば、行きの半分の時間でキャンプに戻れるだろうと地図から判断したのだ。折り返してから4時間は歩いただろうか。砂利だった岸辺はいずれ岩場になり、幅がだんだんと狭くなってきた。なんだか嫌な予感。地図では河原からトレイルに合流できるような地形だったのに、実際にはその手前で河原がなくなり、水面から真っすぐに崖が立っているのだった。これ以上、進めない。仕方なく川から離れ、崖に沿って森に入ることにした。しかし、これもすぐに後悔。森は藪だらけになり、樹々の隙間から射し込む光は弱く、なにか深く暗い罠に飲み込まれていくようだった。

たびたび立ち止まる。すると、どこからか獣の臭いがする。気がする。怖くなって息をひそめると、遠くて近い場所でパキンッと枝が爆《は》ぜる音がする。気がする。恐怖心は幻想を現実にする。そう聞いたことがあるが、なにが気のせいで、なにが本当なのか、わからなくなってきてしまうのだ。なんどきでも余裕に構えていた友人もさすがに腰が引けて、手には熊よけのスプレーを握りしめていた。

キャンプに着いてもしばらくは手が震えていた。慌てて集めてきた流木で焚き火をつくり、燃え盛る火を見てやっと生きた心地がした。夜10時。13時間近くも森の中をさまよっていたことになる。焚き火で湯を沸かす。パスタを茹でて、缶詰のサーディンとアンチョビを和えただけのスパゲッティを無心で食べた。「食料保管用のコンテナはテントから遠く離れた場所に置く」。アラスカで野営をするとき、熊をテントに寄せ付けないためのルール。アラスカに数日いるとこのルールが面倒に思えてくるのだけれど、このときばかりはいつもより遠くにコンテナを置いてくるのだった。

満腹の勢いで寝袋にもぐり込む。初夏のアラスカはようやく日が落ちたころだった。憧れていた荒野でのキャンプは一筋縄ではいかなかった。でも、すべての行動が無事に生きるための行為につながっているという、感じたことのない充足感もあった。暖かな寝袋に包まれながら、透明な氷河のかけらを思い描く。あの美しいものに出合うために、今日1日の苦労はあったのではないだろうか。遠くで熊よけの鈴が聞こえた気がした。身体の隅々に獣への警戒が残っていた。

美しさと恐ろしさとが表と裏にある。それこそがアラスカという場所の魅力なのだ。罠のようでもあるそんな真実に、わたしたちは引き寄せられてしまうのかもしれない。わたしはきっとまたこの土地に足を運ぶことになるだろう。氷河のかけらに見た風景をこころに描きながら、強くそう思うのだった。

海が眺められる場所で帰りの水上バスを待つ。荒野で過ごすことは素晴らしく贅沢で充実した時間だけれど、もうすぐ町に戻れるとわかると、やっぱりほっとする

旅のメモ

KACHEMAK BAY STATE PARK

アラスカで最初に州立公園に指定
されたカチェマックベイ州立公園。
広大な氷河に抱かれた森を歩く。

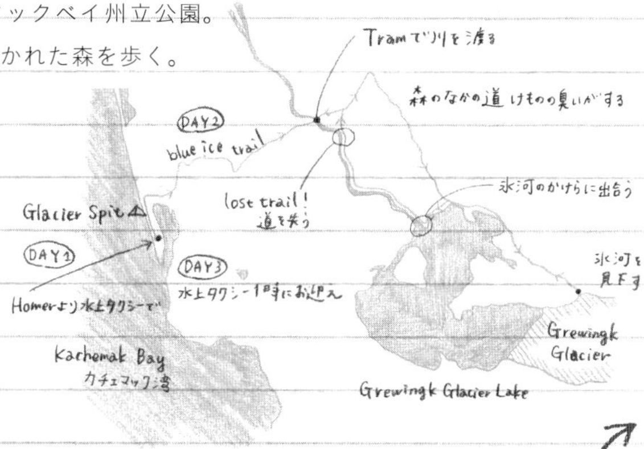

DAY.1

HOMER > GLACIER SPIT

空港のあるアンカレジからキーナイ半島を南下してホーマーという街までは車で４時間の距離。ホーマーで水上タクシーを手配して、カチェマック湾を渡るとキャンプ地に着く。時間にして約20分。

（下左）日本からアンカレジまではサンフランシスコでトランジット。アラスカ航空はイヌイットがシンボル（上右・上左・下右）ホーマーまでの道中、巨大なムース（ヘラジカ）と遭遇した。ダイナーでは港町のおいしいシーフードをいただく

DAY.2

GLACIER SPIT <> GREWINGK GLACIER

往復20kmほどのトレイル。朝９時にグレイシャースピットを出発してグレウィンク氷河へ。帰路はトレイルを外れたために時間がかかり、テントに戻ったのは夜10時。

（上）カチェマック湾に流れ込んでいる川は、すべてグレウィンク氷河へつながる。氷河へはグレイシャースピットからトレイルが続き、氷河の末端を眺められる岩場で終わる（下左）トレイル上には川を渡るための手動トラムが設置されているが、重量があって女性ひとりで操作するのは困難（下右）クガイソウに似た紫色の花の群落があった。６月のアラスカは早春。花が美しく咲き始める時期

DAY.3

GLACIER SPIT > HOMER

「２日後の午後１時、同じ場所で」。なにも目印がない海岸で水上タクシーの運転手と約束したけれど、本当に来てくれるのだろうか。心配で、ずいぶん早い時間から荷物をまとめて船を待った。

（左）テント場は海岸線の脇にあり、薪に適した流木が豊富だった（右）天気の良い日には寝袋や衣類を全部出して湿気をとるために日光浴させる（中）ホーマー近くで寄ったロシア正教の教会墓地。十字架を抱いた木彫りの熊を見つけた。子どもの墓だろうか

MILFORD TRACK

NEW ZEALAND

ミルフォードトラック　ニュージーランド

雨が降ると森がいちだんと生き生きしてくる。「世界でもっとも涼しいジャングル」と呼ばれるだけあり、トレッキング中にはめずらしい植物を見ることができる

鳥に魅せられ、惑わされる
世界一美しい森の道

「世界一美しい散歩道」と称される、ニュージーランドのミルフォードトラック。その景色は写真で見ることが多く、山に行くようになる前から憧れていた。南北ふたつの島から成るニュージーランドは、緯度をそのままに北海道と本州を南半球に持ってきたような姿をしている。山の稜線は氷河で覆われていて、森は湿潤で青々としているという。南島はサザンアルプス山脈が縦断し、山が差し迫る西海岸は氷河によるフィヨルド地形が続いている。北島は平坦で湿潤な森に覆われているところが多いそうだ。

ミルフォードトラックがあるのはニュージーランドの南島。トレイルは内陸からはじまって、氷河によってえぐられた渓谷を奥に進み、峠を越え、海につながるフィヨルド、ミルフォードサウンドを終点とする。約53kmという歩いたことのない長い距離も魅力のひとつだった。とはいえ、憧れがあっても簡単には一歩が踏みだせない。ミルフォードトラックは自然保護のために人数制限をしていて、トレッキングも山小屋の宿泊もすべてが予約制。人気のトレイルとあって予約が難しく、その計画はいつも先延ばしにされていた。

そんなおり、毎冬通っていたスキー場近くの民宿で、ニュージーランド政府観光局に勤める方と出会う機会があった。彼から聞く魅力も加わって憧れは募るばかり。その想いが通じたのか、数年後に政府観光局の働きで、ミルフォードトラックを歩くツアーに参加する機会を得た。行程は４泊５日。トレイルの起点までは湖をボートで渡って向かうのだが、桟橋に降り立つとき、消毒液に靴を浸せと言われたのにはおどろいた。島国のニュージーランドは植物も動物も固有種が多く、それらを守るために病原菌の侵入を徹底的に防いでいるのだ。

初日は歩いて20分の距離にあるロッジ泊なので、午後は周辺の森を散策して過ごした。そこは憧れていた通りの深く青い森。背丈ほどもある羊歯《しだ》植物が遊歩道を覆い、みずみずしい苔が足元に広がっていた。歩き出してすぐ、ぷっくりとした灰色の小鳥が目の前に飛び出てきた。おなかのあたりだけが白い。こちらがじっとしているとどんどん近寄ってくる。ニュージーランド・ロビンというその鳥は好奇心が強く、人懐っこいのだそうだ。足元にまで寄ってきて、ちょんと登山靴に乗ってきた。仕舞いには靴ひもまでつついてくるという愛らしさを見せてくれたのだった。

トレッキングをしているあいだ、数えきれないほどの種類のさえずりを耳にした。ときにはニュージーランド・ロビンのようにその姿を間近に見せてくれるものもいた。ニュージーランドには人が持ち込むまで四つ足の動物は存在せず、天敵のいない島は鳥たちにとって天国だった。天敵から逃げる必要がなかった島の鳥たちは、今もそののんきな気質を残していて、人をさほど怖がらないのだ。その姿が見えなくても、鮮明に印象に残っている鳥もいる。遥か高いところから降ってくる電子音のようなさえずり。自分の声ではけっして再現できない幻想的なその音楽を録音できたらよかったのに。いつも山の音を録るために持ち歩いていたレコーダーを、このときに限って持ってこなかったことを悔やんだのだった。

山小屋で部屋から出るときにはひとつの注意事項を言い渡されていた。部屋の鍵を必ずかけること。キーアといういたずら好きな鳥がいるからだ。キーアはオウムの一種で体長50㎝ほど。人が部屋を出るとき、扉が閉まる寸前にやってきて、どこかから盗んできた登山靴を

ミルフォードトラックで最初に泊まる山小屋。清潔でシャワーもあり、食事も美味しくて、まるでホテルのよう。周囲の森からは常に鳥の鳴き声が聞こえていた

挟むのだという。そうして作った隙間から自由に出入りして、今度はその部屋の荷物を荒らし、いろいろな物を持ち去ってしまうとか。鳴き声も強烈で「ケアアアア〜」と大音量。その奇声に気を取られていると、またその間に変ないたずらをされてしまうという始末なのだ。さほど鳥が好きというわけではなかったのに、ミルフォードトラックを歩いているうちに、鳥を見つけることが毎日の楽しみになっていた。いたずら好きでも不格好でも、個性に富んでいて面白いのだ。

なかでもぜひ出会いたいと思うようになった鳥がいた。サッカーボールほどの大きさに茶色い毛。まるで果物のキウイにくちばしがついたような風貌のその鳥は、まさにキーウィという名前。雄の鳴き声が「キーウィー」と聞こえることから名前がついたのだという。島の鳥は羽が退化して飛べないものが多く、その代表であるキーウィは国鳥にもなっていて、ニュージーランド人は自分たちのことをキーウィと呼ぶほどに親しみを抱いている。しかし飛べない鳥のなかには、人間が持ち込んだ犬猫やイタチなどの動物の犠牲になり、絶滅してしまった種も多い。キーウィも数が減っていて、地元の人ですら野生のものはほとんど見たことがないという。とはいえ、ミルフォードトラックにいないこともないというガイドの言葉を聞いてからは、森を歩くとき、小さな物音を聞き逃さないように耳を澄ませたのだった。

ところが次第に、キーウィどころか他の野鳥にすら気を配っている場合ではなくなってしまった。行程半ばを過ぎたあたりから天候が崩れ、ひどい雨模様となった。岩場の道は沢のように水が流れ、足をとられないように必死に歩かなくてはいけなかった。周囲の景色を見ている余裕はない。峠から森に下りても、ぬかるんだ道を滑らないように気をつけながら足早に山小屋を目指した。

雨を凌げる大きな樹の下でポットのお茶を飲んでいたとき、ふと視界の隅っこに気配を感じた。目線をやると茶色い鳥が２羽、もさもさと歩いている。息をのんだ瞬間、相手もこちらに気づいて、一瞬のうちに茂みに姿を隠してしまった。え、今のなに？　あまりに唐突だったので、もしかしたらキーウィだったかもしれない、と思いつくころには、すでに曖昧な記憶になっていた。あとでガイドに聞くと、キーウィは夜行性で、この日は雨で暗かったから昼間でも行動している可能性はあるという。でもガイドの彼らですら、ミルフォードトラックでキーウィを見たことはないという。ますます自分の見たものが信じられなくなっていくのだった。

翌日、トレイルのゴールとなるミルフォードサウンドの畔、サンドフライポイントにたどり着いた。5kmも内陸に入り込んだフィヨルドの最奥は静かに水をたたえていて、この先が大きな海に続いているとは到底思えなかった。青い水に青い空。そして青い森を見つめながら、わたしはまだ、キーウィのことを考えていた。その姿を見たいと強く願っていたせいで、幻覚を見てしまったのだろうか。それとも悪天候に気を取られていたところにひょっこり姿を現したのか。53kmという経験したことのない長いトレイルを歩き終えたよろこびや満足感はもちろんあったけれど、それ以上にどこかすっきりしない気持ちが残るのだった。

いつか本物のキーウィを見ることができたら、その記憶が正しいものなのか、それとも作られたものなのか、すっきりと判断がつくだろうか。南島のさらに南に、スチュワート島という島がある。キーウィの生息数が多い島だそうだ。夜、テントのなかで耳を澄ませていたら、その鳴き声が聞こえてくるかもしれない。もし運が良ければ、土に穴を掘って作るというキーウィのねぐらも見られるかもしれない。あれほど憧れていたミルフォードトラックの旅を叶えたというのに、私はもう新しい旅のことを考えていた。スチュワート島には10日間かけて島を一周するトレイルがあると聞いた。次のニュージーランドの山旅は、そこしかないと決めている。

トレイル脇にある自然のプールでスイミングを楽しむハイカー。裸足になって足を浸けてみたけれど、冷たくて泳ぐどころではなかった

ニュージーランド固有の鳥、トムティット。トレイルを歩いていると、まるで道案内をしてくれるかのように先を飛び跳ねていく。本当は縄張りの主張をしているそう

行動食には栄養価の高いナッツやドライフルーツがいい。ツアーでは朝食時に昼のサンドイッチの材料と行動食が並べられていて、必要な分だけ持っていく

旅のメモ

MILFORD TRACK

「世界一美しい散歩道」と称される全長53kmのトレイル。フィヨルド地形の雄大な景色を歩く。

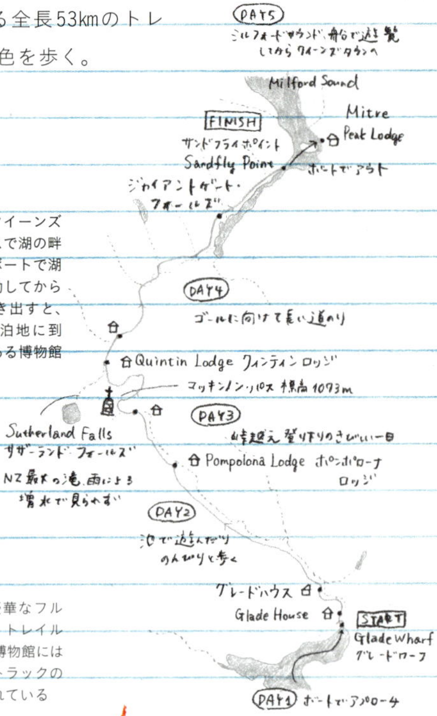

DAY.1

GLADE WHARF > GLADE HOUSE

空港のある街クイーンズタウンからバスで湖の畔テアナウへ。ボートで湖の最北端に移動してからトレイルを歩き出すと、20分ほどで宿泊地に到着。ロッジにある博物館を見学した。

（上）夕食は豪華なフルコース（下左）トレイルヘッド（下右）博物館にはミルフォードトラックの歴史が展示されている

DAY.2

GLADE HOUSE > POMPOLONA LODGE

渓谷を上流に向かって歩く。ブナ林を抜けると草原のように開けた気持ちのいい一帯に出て、氷河に削られた渓谷を眺めることができる。行程は16km、５〜７時間。

（左・中）途中の避難小屋で休憩。自分たちで作ったサンドイッチでランチ（右）森の中のトレイルで可愛らしい小鳥に出会う。お互い興味津々で、こんな距離まで近づけた

DAY.3

POMPOLONA LODGE > QUINTIN LODGE

ジグザグ道を登り、最高地点になるマッキンノン峠へ。天候が良いと素晴らしい展望が得られる。クィンティンロッジに到着してからサザーランド滝の見学へ。15km、6〜8時間。

（左）大雨で登山道がまるで沢のように。合羽を着ていても全身、靴のなかまでびしょ濡れに（中）途中の避難小屋で、ガイドがストーブをつけ、ホットドリンクを用意して待ってくれていた（右）雨の日のトレッキングは大変だけれど、山々から流れ落ちる幾筋もの滝は、そんな天候時にしか出合えないもの

DAY.4

QUINTIN LODGE > MITRE PEAK LODGE

迫力あるジャイアントゲート滝などを見つつ、ゴールのサンドフライポイントを目指す。21kmともっとも長い行程だけれど、峠をすでに越えているので気持ちは楽。ボートで対岸の宿泊地へと渡る。

（左上）ゴールのサンドフライポイントからボートでミルフォードサウンドを渡る（左下・右）巨大な羊歯に覆われたトレイル。全行程にわたり景色が変化していくのがこのトレイルの魅力のひとつ

DAY.5

MITRE PEAK LODGE > QUEENS TOWN

最終日はロッジでゆっくりと朝を迎え、その後ミルフォードサウンドのクルーズを楽しむ。クイーンズタウンまでの帰路はバスかヘリコプターで。

ミルフォードサウンドのクルーズではオットセイなどの野生動物に出合えることも

SIMIEN NATIONAL PARK

ETHIOPIA

シミエン国立公園　エチオピア

ギッチキャンプに張ったわたしたちのテント。国立公園にはキャンプ場ではなく、指定地があるだけ。トレイルも決められた道がなく、ガイドの歩いた後をついていく

探し求めた宝物は
彼らの日常のなかにある

茶褐色の大地に四角く垂直に掘られた穴。地下３階ほどの深さはあるだろうか。中央には十字架の形が残るように周囲の岩を掘り下げてできた建造物があり、トンネルを通って穴の底に下りることができる。建物のなかは薄暗いが、そこもまた岩をくり抜いて作られた空間であるのがわかった。奥には祭壇がしつらえられ、聖者が祈っていた。横穴をそっと覗いてみると、どうやらそれは墓穴らしい。壁にもたれて目を閉じ、座り込んでいる老人がいた。祈っているのだろうか。足元は裸足だ。十字架形の建物だけが重要な存在かと思っていたけれど、この地中に掘られた空間すべてが、教会の聖域なのだ。

エチオピアの古都ラリベラには世界文化遺産に認定されている岩窟教会群がある。本屋で手に取った世界各地の教会を集めた写真集。なにげなく捲《めく》っていると、異彩を放って現れたのがエチオピアの岩窟教会だった。色彩も装飾も一切なく、地面に掘られた穴のなかですべてが完結している。豪華絢爛《ごうかけんらん》な宗教建築とは対照的だった。

他では見たことのないその教会建築に触れたくて、長いことエチオピアを訪れることを夢見ていたけれど、アフリカという壁は大きく、なかなか旅の計画を立てるまでには及ばなかった。ところが中学以来の友人に再会したとき、ふとエチオピアの話題になった。20歳のころアフリカ縦断をしていたとき、マラリアを患い、長逗留したのがエチオピアだったという。そのとき滞在した宿の女主人に親切にしてもらった経験から、エチオピアに何度も通うようになったそうだ。「あの国には、宝物のようにキラキラしたものが詰まっている」。そう語る彼自身の目もキラキラと輝いていた。

彼はラリベラの岩窟教会へも行ったことがあるという。教会と同じく世界遺産に指定されているシミエン国立公園が北部にあって、そこは標高4000m前後の大地が広がり、ヒヒやアイベックスなど、他では見られないめずらしい動物も生息しているそうだ。そこへも足をのばせるなら一緒に旅しよう、とわたしが山を好きなことを知っての話の流れ。それまで重かった腰がすっと持ち上がった。

　東京を発ってドバイで乗り継ぎ、エチオピアの首都アディスアベバに入る。現地で国内線のチケットを買い、ようやくたどり着いた古都ゴンダール。この街を拠点としてシミエン国立公園を目指すことになる。空港から街までは茶褐色の風景のなかを相乗りタクシーで向かう。乾季というのもあるけれど、けっして豊かな土地ではないことがわかった。ところが、途中の村々を行き交う人々は素晴らしく美しい衣装をまとっているのだった。縮緬《ちりめん》のような質感の白い布に色鮮やかな刺繍が施してある。シャンマという民族衣装で、茶褐色の肌とのコントラストが眩しい。車窓から見とれていると街に近づくにつれておどろくほどに人が増え、一時は車の身動きが取れないほどの騒ぎになった。聞くと、その数日後にエチオピア固有の暦によるクリスマスを控えているという。その前後数日間は帝政時代の国教エチオピア正教のもっとも大切な祭り、ティムカットの期間。着飾った人々は各地から集まってきた巡礼者たちだったのだ。

　エチオピアのキリスト教はたぐいまれな進化をとげている。そんな風に思ったのは、写真で見たラリベラの岩窟教会がはじめだった。地中に作られた奇妙な建築。信仰の対象はキリストでもマリアでもなく、「アーク」。アークとはモーセの十戒が刻まれた石板を収めている箱のことである。旧約聖書ではアークはモーセによってエルサレムに

古都ゴンダールで偶然に出合ったエチオピア正教の祭り、ティムカットの行列。不思議な旋律を歌と楽器で奏でながら進む。白い衣装はシャンマという民族衣装

写真集で見てからずっと訪れたいと思っていたラリベラの岩窟教会。村には大地を掘って作られた教会がいくつかあり、それらは地下通路でつながっていると伝えられる

持ち込まれ、そこで話は終わっている。ところがエチオピア史においては、その後アークはエチオピアに持ち込まれ、アクスムという聖地に祭られているという。エチオピアの教会には十字架でもキリストの像でもなく、そのアークが祭られている。ティムカットの祭りではそのアークに傘が掲げられ、布に包まれた状態で教会の奥から沐浴の会場へと運ばれていく。人々はそれを拝むために、遠い人では1週間以上も歩いて聖都とされるゴンダールなどに集まってくるのだ。

思いがけず遭遇したティムカットの行列を追いかけたかったけれど、わたしたちは山へ行く準備をしなければならなかった。ゴンダールにはガイドオフィスというものがない。インターネットカフェで英語のできる若者に尋ねると、国立公園の入り口まで連れていってくれる車とドライバーを手配してくれた。

翌早朝、約束どおり宿の下まで車が迎えに来ていた。４泊５日のトレッキング初日。国立公園の入り口で入園料を払う。さらに決まりごととして現地のガイドと銃を携帯したレンジャーをひとりずつ雇わなければならない。銃だなんて物騒なと思うけれど、実際に危ないことはないそうで、公園内の村からやってくる物売りを近寄らせないためなのだという。荷物の多いわたしたちはさらに馬とロバをかけあわせたミュールとミュール使いを雇うことにした。

旅程の全日程のうち、山で過ごせる日数を考慮した結果、シミエン国立公園で目指すのは、マウントブワヒットと決まった。標高4430m、エチオピアで２番目に高い山だ。人生の最高標高を経験することに少し緊張していたけれど、ルートは特別な登山技術がいるようなところはなく、長い道のりをじわじわと登っていくだけだ。荷物はほとんどミュールが背負ってくれるので、乾燥と埃っぽさだけを我慢すれば歩きがいのあるトレッキングだった。途中、ゲラダバブーンと呼ばれるヒヒに何度も出くわした。真っ赤なお尻さえ隠れていれば、張りのある背中の毛は大地にもこもことあるブッシュにそっくり。そのほかに

国立公園とはいえ、昔から村かあり人々か生活をしている。広い敷地ではヤギやヒツジなどの家畜が放牧されている。トレッキング中に出会うと、びっくりしてしまう

銃を持ったレンジャーはガイドと同様に国立公園の規則でトレッキング時には雇わなければならない。治安が悪いわけではなく、村の物売りを近寄らせないのが仕事

も珍しい動植物が多く、ちょっとした植物園と動物園のなかを歩いているような気分だった。

トレッキング4日目にして、今回の最高到達地点になるブワヒット山頂を目指した。身軽な装備で3時間ほどの登りだというのに、高度と乾燥のせいでかなり息苦しかった。そしてたどり着いた頂上。そこには草すら生えていない、荒涼とした風景が広がっていた。呼吸は苦しかったけれど、爽快な気分だった。友人とガイドたちはなにやら楽しそうに歌いはじめた。でも、特別ななにかがある頂上ではないからか、わたしはここが登山のハイライトという気がしなかった。ふと、同行ガイドのファタインに「山は神聖な場所なのか」と質問してみた。ファタインは首を傾げただけでなにも答えなかった。言葉がうまく伝わらなかったのかと思っていたけれど、もしかしたら質問の意味自体がわからなかったのかもしれない。

日本では自然を対象とした信仰が古くからあり、山もその対象になってきた。それは意識して学ぶまでもなく、日本で暮らしていると自然と身に付いてしまうものだ。富士山を景色のなかに見つけて思わずうれしくなってしまうこともそれと無関係ではないと思う。けれどエチオピアではそれがまったく違うところにあるのかもしれない。エチオピアの教会と山、その両方を巡ったことで、そんな風に思うようになった。彼らの信仰は不思議な存在のアークと、そのアークを祭った教会にあるのだ。そのことを言葉で書くのは簡単だけれど、けっしてわたしたちが理解できるものではない。でも、そのわからないところに惹きつけられるのもまた、事実なのだ。

エチオピアで出合った不思議なキリスト教信仰。わたしにとってそれはいまだに興味深いもので、箱の底でキラキラと光を放ち続けている。エチオピアに誘ってくれた友人にとっての「輝くもの」とは、果たしてどんなものだったのだろうか。旅を終えた今になって、そんなことを思うのだった。

塀に立てかけたイコンの隣で聖書を手にした聖職者。祝福を与えてもらうために、彼のもとには入れ替わり立ち替わり人が訪れていた。ゴンダールの街角にて

旅のメモ

SIMIEN NATIONAL PARK

深い谷と険しい崖、平たく広大な大地。ヒヒとアイベックスとロベリア。はじめての景色と動物と植物に出合う旅。

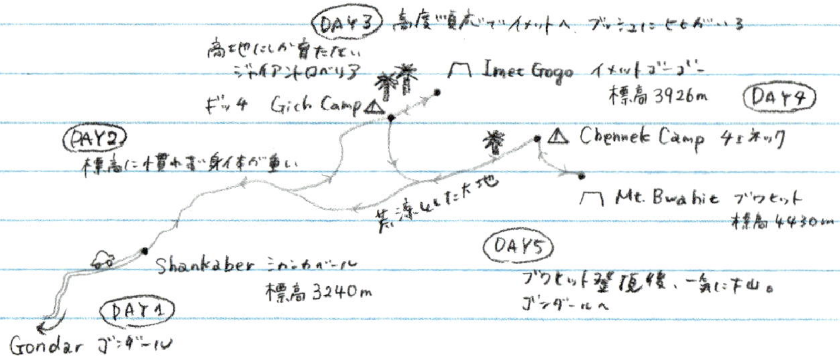

DAY.1 GONDAR

エチオピアの首都アディスアベバから飛行機でゴンダールへ。トレッキングのスタート地点までの車とドライバーの手配、追加の食料と調理のための燃料調達など、準備に追われた1日。

（上左）街で出会った子どもとロバ。なんだか微笑ましい光景（右）ゴンダールの教会。緑、黄、赤の三色はエチオピアの国旗の色で、教会の装飾にも使われている。国民の半分がエチオピア正教会の信者とあって、熱心に祈りを捧げている姿が見られた（下左・下右）エチオピアの南部はコーヒーの産地として有名。茶道のように、コーヒーを飲むことを儀式化した文化が古くからある。またイタリアの文化も入ってきているので、街角の喫茶店ではエスプレッソなども味わえる

DAY.2

GONDAR > GICH CAMP

ゴンダールからスタート地点のシャンカベールに車で向かう途中、国立公園事務所で諸々の手続きをする。ギッチキャンプまではなだらかな登りが続く。道中はミュールも一緒。

（左）トレッキング中の荷物を運ぶために、ミュールとミュール使いを雇う。ミュールとは雄のロバと雌の馬をかけあわせたもので、大人しく働き者（右）国立公園内には村が点在している。村人から買った卵は小振りだけれど美味しい。日本から持参したインスタントの蕎麦に入れて食べた

DAY.3

GICH CAMP <> IMET GOGO

ギッチキャンプにテントを張ったまま、高度順応のために標高3926mのイメットゴーゴーに登る。標高が高いので、走ったり頑張って歩いたりすると息が切れてしまう。

（左）ジャイアントロベリアの若木。標高3700m以上の高地にしか生息しない植物で、20年で10mの高さになるという。葉は人間には有毒だけれど、アイベックスは好んで食べるとか（右）イメットゴーゴーの頂上ではハイカーやエチオピア人のガイドたちが一緒になってくつろいでいた。その向こうは切り立った崖になっている

DAY.4

GICH CAMP > CHENNEK CAMP

チェネックまでは登り下りを繰り返して6時間の道のり。キャンプには売店があって、ジュースなどを買うことができる。トレイルの他にも、奥地の村へ続く車道が走っていた。

（左）愛用のテントはヒルバーグ。荷物を置いたり炊事などができる前室が手前で、奥が寝室。ふたりでも快適に過ごすことができる（右）トレッキング中の食事はほとんどが日本から持参したインスタントの麺類。生米は鍋で炊く。この日のメニューは味噌汁と炊き込みご飯

DAY.5

CHENNEK CAMP > MT.BWAHIT > SHANKABER

キャンプに荷物を置いたまま、ブワヒット山頂を目指す。頂上の標高は4430m、息苦しい登りが続く。登頂後はキャンプの荷物をまとめて一気に下山。シャンカベールでガイドと別れて、ゴンダールへ帰る。

ブワヒットの頂上には大きなケルンが。よく見たら何かの骨が置いてあった。人間!?

ユングフラウ鉄道の始発駅クライネ・シャイデック。アルプスを間近に見上げるだけでなく、この鉄道に乗って標高 3454m の氷河地帯まで一気に登ることができる

Mt.EIGER

SWITZERLAND

アイガー　スイス

ともに山を歩く
ロープを通じて教わったこと

八の字に結んだロープの端をカラビナに通して、わたしのハーネスに留める。カチャンと金具が閉まる音を確認して一歩後ずさる。留めたばかりのロープを引っ張ってみて、しっかりとつながれていることを確認する。ロープの片方の端は、ガイドの持つロープにつながっている。腰元から顔を上げると、そこには穏やかな笑顔があって、張りつめたわたしの緊張を解きほぐしてくれるのだった。

これからアイガーに登る、まさに歩きはじめる直前のこと。起点になる鉄道駅の構内で、わたしたちは最後の準備をしていた。ヨーロッパでもっとも高い標高を終着駅に持つユングフラウ鉄道の、終点ひとつ手前のアイスメーア駅。そこは100年以上前に掘られたトンネル駅で、アイガーの岩山のなかを貫通している。構内には窓が取りつけられていて、対岸には雪をまとった4000m級の山々を望む。これからはじまる登山に、わたしは経験したことがないほど緊張していた。

アイガーはスイス中南部、ユングフラウ地方にある。標高は3970m。世界の高山と比べると抜きん出て高いわけではないが、1800mもの岩壁が続く北側の稜線は、その険しさからマッターホルン、グランドジョラスと並び「世界三大北壁」と呼ばれる。なかでも難攻不落とされたアイガー北壁からの初登頂は国家の名誉にまで発展するほどで、ヨーロッパ諸国は最初の成功を求めて競いあった。1938年に初登頂が成されるまでには悲惨な遭難事故が幾度となく起き、アイガー北壁には悪魔が棲んでいるとまで言われるようになった。

そんな恐ろしい歴史が残る山に、なぜわたしは登ろうという気になったのか。現在一般的に登られている東稜、ミッテルレギ稜は稜線上の急峻な崖の登攀が困難とされ、３つある稜線のなかで最後まで道が開かれなかったルートだ。1921年、ミッテルレギ稜から初登頂したのは槇《まき》有《ゆう》恒《こう》という日本人と地元のガイドによる隊だった。麓の村グリンデルワルトから望むことができるミッテルレギ稜は、村人たちにとって慣れ親しんだもの。当時の槇らの功績は大いに認められ歓待されたという。そうした日本人の物語が、わたしに恐れ以上に憧れを抱かせるのだった。もちろん現在でもアイガー登山は簡単なことではない。ミッテルレギ稜はルートも山小屋も整備されてはいるが、それでも急峻な崖を登らなければならない。日本の山でいくら経験があったとしても、それは難しいものだと思っていた。

ところが、あるとき思いがけない機会が巡ってきた。それは国際山岳ガイドの近藤謙司さんとの出会い。きっかけはテレビ番組の撮影だった。厳冬期の日本の北アルプスを登るという内容とあって、緊張感のある現場だった。暴風雪のなかの登山。岩と雪が複雑に入り組んだ危険箇所では滑落事故を防ぐため、わたしと近藤さんはロープで結びあい、近藤さんにしっかりと確保してもらいながら歩いた。

他人とロープをつないで歩くなんて、恐ろしくてしたくないという人もいるだろう。確かに互いの体をロープでつなぐことは命を預け合うことかもしれない。でも同時に互いの安全を確保することでもある。登りではガイドが先に登り、もうひとりは安全な場所でロープを持って確保する。ガイドが安全なポイントまで登ってロープを確保したら、後続が登る。これを繰り返すことで、常に安全を保った状態で登山ができるのだ。近藤さんは高所登山ガイドの長い経歴を持ち、5回のエベレスト登頂も導いている。その技術はさすがで、冬の北アルプスという厳しい環境でも、安心して歩ききることができた。

アイガーの麓の村グリンデルワルトの墓地にて。名とともに山が彫られた墓が並ぶ。どの山かはわからないけれど、故人が好きな山だったのかもしれない

撮影の合間、近藤さんがここ20年ほど、夏の間はヨーロッパアルプスでガイドをしていると伺った。無理は承知で、わたしでも登れる山があるかと尋ねてみたら、そのとき挙がった候補のなかにアイガーがあった。とはいえ今の自分の経験でヨーロッパアルプスが登れるだろうか。そう伝えると、どんな登山であっても、成功させるためには体調や精神を整える術がなにより大切だと近藤さんは言う。だとしたら近藤さんほど適任なガイドはいない。悪天候が続き、張りつめた空気のなかで行われた撮影。そんななかでも近藤さんはムードメーカーとしてスタッフをまとめ、終始居心地のいい環境をつくってくれた。彼と一緒なら、きっと登れる。それは確信に近い気持ちだった。近藤さんと出会ったその次の夏、わたしはアイガーへ向かった。

アイスメーア駅の構内から続くトンネルを抜け出ると、断崖絶壁だった。冷たい風にあたるとその高度感にぞっとする。アイガー登山初日。目標であるミッテルレギ小屋までは２時間ほどの行程で、岩と雪の斜面を横断していく。なんとか片足を置ける足場を頼りに岩壁に沿って下降する。ようやく雪面に両足が着くかと思ったら、その地面がぱっくりと割れていた。１ｍはあろうかというその割れ目を飛び越えろというのだ。暗く底の見えない割れ目のなんと怖いこと。恐怖心を持ってしまったら最後、次の一歩が出ない。とはいえ歩きはじめてほんの数分で引き返すわけにはいかない。こころのなかで叱咤と葛藤を繰り返す。ふとハーネスにつけたロープを意識する。ロープを後方で確保してくれている近藤さんがいる。その存在を強く感じ、深呼吸。なんとか足を踏み出すことができた。

翌朝、まだ暗いうちに出発し、山頂を目指した。歩き出して１時間ほどで、遠くの峰を赤く染めていた太陽が辺りを照らした。視界が広がると同時に、自分が歩いている場所が凄まじく切り立った尾根であることに気づいた。なんという場所に来てしまったのだろう。焦りと後悔がこころをよぎる。一瞬たりとも気を抜けるところはない。近藤

アイガーのミッテルレギ稜を背景に、猫の額ほどの場所に建つミッテルレギ小屋。右手 1500m の断崖絶壁の下にはグリンデルワルトの村がよく見える

（上）アイガーの山頂3970mにて。西稜から登ってきたワイルドな三人組を記念撮影（下）アイガーへの登山開始地点になるアイスメーア駅の展望台。窓の向こうには氷河へと続く断崖絶壁が切り立っている。そこから歩き出すのだ

さんにつながれたロープの張りを常に気にしながら、歩き続けるしかないのだ。人は、進むしかない途上ではいろいろな感情が後回しになるのかもしれない。怖いとか疲れたなどと言う暇はなくて、とにかく必死だった。「必ず死ぬ」と書いて「必死」。字面がよくないからその言葉は使ったら駄目だよと、前を行く近藤さんが言う。その表現が大袈裟だったからか、笑い、頷きながら平常心を取り戻したのだった。

ロープは糸電話みたいにこころをつなげるのかもしれない。わたしが必死になっていると、それは焦りや怯えとなって相手に伝わる。反対に近藤さんからも気持ちが伝わってくる。わたしが落ち着きを取り戻してからは、近藤さんのリズムや呼吸を敏感に感じ取れるようになった。するとなんと登りやすいことか。それまですっかり忘れていた「楽しんで登る」ということを思い出すこともできた。

頂上に着いて、こんなにも感極まったことがあっただろうか。熱い握手と抱擁。うれしさがこみ上げてきた。長い下山の道、歩いているあいだは永遠のように感じられたけれど、今思い返すと、もったいないほどにすべてがめまぐるしく、一瞬で過ぎたようにも思われる。

アイガーでの体験と感動をいまだこうして消化しながら、また近藤さんと山に登りたいと思っている自分がいる。誰かと一緒に山に登るとは、どういうことだろうか。言葉がなくても互いの気持ちと呼吸を感じられること。どんな厳しい状況にあっても、穏やかに時間を過ごせること。気の合う仲間との登山はいつでも居心地のいいものだけれど、ロープを結び合う登山をしたことで、改めてともに山に登る仲間との信頼関係の大切さを知ったような気がする。

こころと体を揃えて、誰かと一緒に歩く。ガイドとの関係は山においてだけのものだけれど、山を下りた世界でもそんな信頼関係を築き合える人に巡り合えたら。それはたぶん人生最高のパートナーとなるのだろう。近藤さんと旅した3970mのアルプスの旅は、登山以上に大切なことを教えてくれたような気がしている。

旅の始まりと終わりはグリンデルワルト駅。両側にアルプスの山々が迫ってくる谷間の村では、登らずとも誰もが山を愛し、山とともに生活をしていた

旅のメモ

Mt.EIGER

スイスアルプスを代表する
ベルナーオーバーラント
三山のひとつ、標高3970mの
アイガーへ。

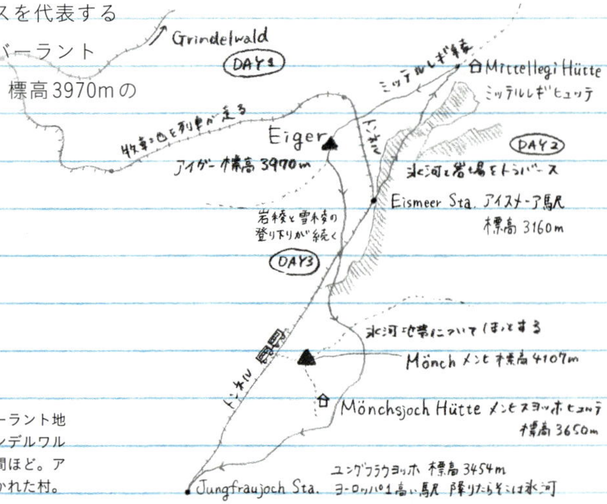

DAY.1

GRINDELWALD

スイスアルプスがあるベルナーオーバーラント地方にあって、観光の拠点ともなるグリンデルワルトまではチューリッヒから電車で3時間ほど。アイガーをはじめとする雄大な山々に抱かれた村。

(上) グリンデルワルトやその周辺はどこも山と里が近い。里の大部分は牧草地で、ハイキングやスキーのフィールドにもなる (下右・左) プロテスタントの教会。家々は築100年以上という重厚な木造建築がほとんど (下中) 放牧中のリャマ。かわいい!

DAY.2

GRINDELWALD > MITTELLEGI HÜTTE

グリンデルワルトからユングフラウ鉄道でアイスメーア駅へ。駅から登山を開始して、氷河の割れ目を越え、岩壁を横断して、ミッテルレギ小屋までは2時間ほど。

（上）ミッテルレギ小屋から眺めた夕暮れの満月。4000m級の山々と流れる氷河を淡い色に染めていた（下中）ミッテルレギ小屋は定員30人。管理人のおじさんが雑務と料理すべてをこなす。混雑時には地元ガイドが手伝うことも（下左・右）山裾は牧草地で、夏には一面の花畑になる

DAY.3

MITTELLEGI HÜTTE > MT. EIGER > GRINDELWALD

朝5時に起床、6時に小屋を出発。稜線が細いミッテルレギ稜ではルート上のすれ違いが困難で、渋滞が起きる場面も。頂上には12時、ゴールのユングフラウヨッホ駅には3時に到着。

（上左）アイガー山頂でガイドの近藤さんと記念撮影（下左）山頂までの稜線は緊張が強いられる（下右）鉄道終点のユングフラウヨッホ駅を出るとそこは氷河（上右、下中）圧雪車でならされた道を30分歩いた距離にあるメンヒスヨッホヒュッテでランチ。白ワインに浸したパンをベースにしたグラタンのようなケーゼシュニッテ

9N-AET

旅へ誘う物語

旅に出るからといって、慌てて本を読むことはない。旅に出てから、いつか読んだ本に出てきた場所だったと気づくこともある。旅先で心に留まったことについて理解を深めようと、あとで本を手にとることだってある。知ることによって、再びその場所へ旅に出たいとそわそわしてくるのだ。

『世界の教会』

ピーピーエス通信社編／ピエ・ブックス

豪華なものから素朴なものまで、世界の教会を集めた写真集。細かい宗派や建築様式についてなど詳しいことが記されていないだけに、そこがどんな場所で、どんな文化があるのか訪れてみたくなる。エチオピア・ラリベラの岩窟教会には、この本で出合った。

『クライミング・フリー
伝説を創る驚異の女性クライマー』

リン・ヒル他 小西敦子 訳／光文社

90年代に伝説的なクライミングを成し遂げたクライマー、リン・ヒルの自伝。クライミングにどう出合い、どう惹かれていったのか。その追い求めるものとは。彼女が登った岩山を見るためヨセミテへ。

『アラスカ物語』

新田次郎／新潮社

明治時代中期、アラスカ沖で難破した船からエスキモーの村にたどり着き、生涯をエスキモーとして生きた日本人、フランク安田の物語。ユーコン川流域で起こったゴールドラッシュの様子やアラスカの原野で生きる人々の生活、自然について深く知ることができる。

『中谷宇吉郎紀行集 アラスカの氷河』

中谷宇吉郎 渡辺興亜 編／岩波書店

生涯を通して雪の研究を行った中谷宇吉郎博士の旅の記録。雪だけでなく氷や氷河を求めてアラスカを旅した記述が興味深い。彼が訪れた60年前のアラスカと今のアラスカとで、出合える氷河の違いはあるのだろうか。氷河への興味をかきたてられた一冊。

『皇帝ハイレ・セラシエ
エチオピア帝国最後の日々』

リシャルト・カプシチンスキー 山田一廣 訳／筑摩書房

暴君として国民に追いつめられ失脚したエチオピア帝国最後の皇帝ハイレ・セラシエ。それでもなお英雄として語り継がれている一面もあるという。側近らのインタビューから失脚前後の様子を記したこの本を読んで、その理由が少しわかったような気がした。

『山行』

槇 有恒／中央公論新社

アイガー東稜、ミッテルレギ稜の初登頂を果たした槇有恒の山行記録。日本近代アルピニズムの開拓者といわれる槇だが、彼の記す山行記はただの記録にとどまらず、一緒に登った仲間や出合った風景なども精緻に美しく描かれていて、彼の歩いた道をたどりたくなる。

『エチオピアのキリスト教―思索の旅』

川又一英／山川出版社

キリスト教でありながら、祈りの形も祭りも教会も独自に進化しているエチオピアのキリスト教について、旅をしながら探っていくという内容。エチオピアには山岳信仰がないことを知ったので、次の旅はこの不可思議な宗教を追うものにしたいと思っている。

『極北の地にて』

ジャック・ロンドン 辻井栄滋・大矢 健 訳／新樹社

19世紀末、ゴールドラッシュの熱の渦に巻き込まれるようにしてクロンダイクを目指した著者。その当時の経験をもとに書かれた短編集。人々の欲望や極北の自然の描写は生々しく、美しく、怖いもの見たさのように、彼のたどったチルクート峠を歩く旅に出た。

『新編 白い蜘蛛』

ハインリッヒ・ハラー 長谷見敏 訳／山と溪谷社

数々の悲劇を生んできたアイガー北壁の初登頂に成功したハインリッヒ・ハラーによる記録。なぜ人は、悪魔のような危険な壁に魅せられてしまうのだろう。数年前に読んだときには心底そう感じた。まさか自分が同じ山に登ることになろうとは思ってもいなかった。

『屋久島の山守―千年の仕事』

髙田久夫／草思社

樹齢千年以上の樹々に覆われる島で、森とともに生きてきた山守の言葉。千年先を見つめて仕事ができるのは尊さを知っているからで、著者がそれだけの年月を生きてきたかのように思える。森を歩くとき、そこに時間が流れていることを深く感じるようになった。

『アフリカの日々
ディネーセン・コレクション I』

アイザック・ディネーセン 横山貞子 訳／晶文社

男爵夫人としてアフリカに渡り、農園経営に携わる傍ら白人社会を生きた著者の自伝的小説。アフリカの自然とそこで生きる人々の描写は、大きな翼を持つ鳥になって俯瞰で見下ろすような優雅さがあり、同じようにアフリカを旅してみたいと思わせてくれた本。

『YOSEMITE IN TIME』

マーク・クレット他／トリニティ・ユニバーシティ・プレス

20世紀にヨセミテで撮られた写真と、同じ場所、同じ構図で近年に撮影された写真を並べて構成した写真集。風景のなかに、大きな時の流れまでが映し込まれているようで、この写真集を見るたびに、いつもヨセミテへ足を運びたくなってしまう。

トレッキングのおとも

1. クッキング用品：オピネルの折りたたみナイフ。マッチ。ヘラは汚れた鍋や食器の汚れをすくうのに便利。MSRのお玉、これで炒め物もする。MSRのバーナーはコンパクトでありながら火力が強い。KIKISAという名のウッドカップはスタイリストの友人がディレクションして作ってくれたオリジナル。 **2.** ザ・ノース・フェイスのレインハット。ゴアテックス素材なので雨のなかでも蒸れにくい。**3.** SOPH.のニットキャップ。カシミア素材はゆるめで頭を締め付けないので、就寝時もかぶっていて快適。**4.** 日本野鳥の会のオリジナル軍手。手のひら側の滑り止めゴムが優秀。カメラを使うのに勝手がいい。**5.** GSI Outdoorsのやかん。中にボウルやガス缶を収納できる。**6.** KIKISA SF。ウッドカップと同じく鹿児島の木工作家アキヒロジンくんの作品。**7.** タイガーの魔法瓶500mℓ。一度沸かしたお湯を保温しておくためにも使える。**8.** レインウェアの上はアークテリクス、下はザ・ノース・フェイス。上下でブランドが違っても好きな色の組み合わせでコーディネートしたい。**9.** モンベルのインナーダウン。軽くて薄いのに羽織った瞬間に暖かくなる。**10.** ウェスタンマウンテニアリングのシュラフ。氷点下まで対応。**11.** テントはヒルバーグのNallo2GT。2人用で土間のような前室と広い寝室があって、広さは十分。**12.** MPIのオールウェザーブランケットはテントのなかに敷くと地面からの冷気を遮る。**13.** 寝袋の下に敷くマットは サーマレストのネオエアーXライト。空気を吹き込んで膨らませて使う。**14.** Buff。伸縮性がある素材を筒状にしたヘアバンド。帽子にしたりネックウォーマーにしたりと用途はさまざま。

テント泊トレッキングの装備。日数が増減しても量はたいして変わらない。山の夜はどこの国でもたいてい冷え込むので、想定した準備が必要。パッキングは軽いものを下の外側、重いものを上の内側にすると背負ったときに安定する。

15.スリングとカラビナ。登山中、ロープでの確保が必要になったときのために。サングラスはスミス。リップクリーム、熊の形をした栓抜き、アーミーナイフは常に持っている便利3点セット。**16.**トレッキングポールはブラックダイヤモンドのアルパインカーボンソロ。写真を撮るときに両手が塞がっていると不便なので、ワンポールで歩くことが多い。**17.**ノローナのフォルケティン45ℓ。背面に縦にファスナーがついているので、トップの雨蓋を開けなくても物の出し入れができる。**18.**ダウンパンツはフェニックスのフラッフィパンツ。薄手なのにすごく暖かい！ **19.**アンドワンダーの手編みの靴下。就寝時に重ねばきするとポカポカ。**20.**腕時計はスントのベクター。高度計と気圧計、コンパスの機能もついている。**21.**耳栓とアイマスク。このふたつをつけるとどこでも眠れる。**22.**パーフェクトポーションの虫よけスプレー。ハーブ成分でできているので香りもよく、肌に負担をかけない。**23.**ヘッドランプ2種。左はランプが赤と白で切り替えられる。赤色の光は明るすぎず、夜に星を見たり、動物を探したりするのにいい。右は普通のタイプ。電池や電球切れを避けたいのでふたつ常備。**24.**救急セット。**25.**折りたたみ傘とバックパック用のレインカバー。**26.**山用の財布には必要なものだけ入れ替えて使う。**27.**非常用セット。細引きは靴紐やテントの張り綱が切れたときの応急処置用。レスキューシートは体に巻くとかなりの保温力を発揮するので緊急避難用に。**28.**電池を必要としないアナログコンパスは地図とセットで必ず携帯。**29.**てぬぐい2枚。汗をふいたり就寝時の枕カバーとして使ったり、なにかと活躍。

旅のよそおい

アラスカ　チルクートトレイル

ホグロフス　マトリックス60ℓ
このザックにいっぱいいっぱい荷物を詰めた状態がテント泊縦走で頑張れる重さ。細身で重心を高めにできるので背負いやすい
MTBライダーダンタクマさんモデルのアーガイルシャツはこんなにおシャレでウール100%
MTBらしく、背中にポケットがついています
エチオピア　ゴンダールのマーケットで買ったマフラー　薄手のコットンで肌寒いときやほこりっぽいときに役立つ
ノースフェイスのフリース
長年着てくたくただけれど、肌ざわり良く手ばなせず
立山の山岳地図入りTシャツ
ふもとのコンビニの立山サンダーバードオリジナル
ロイック
メリノウール100%
薄手くつ下
ホグロフス
中厚手のトレッキングパンツ
ストレッチがすこしきくので歩きやすい
ノースフェイスのコットンパンツ
おなかと足首がゴムなのでリラックスかつ動きやすい
キーンのヨギ　軽量かつつま先が守られている。足もとを冷やさないためにくつ下をはいてもキツくないサイズを
メリノウール100%
長時間、長距離歩くときは厚手のくつ下で。ニオイも気にならない
ゴローのブーティエルは5年ほど愛用。長旅のときは信頼のおけるはきなれたくつで

トレッキング

4泊5日キャンプ泊の長い行程は荷物を軽くしたいので着替えはあまり持たない。メリノウールは汗をかいて湿っても冷えず、速乾性も高い。においがつきにくいのもいい。パンツは汚れの目立たない色を。長い行程を歩くときは登山靴とバックパックも大切。必ず自分の体に合っていて、使い慣れたものを持っていく。

キャンプ

アラスカは緯度が高く、夏でも冷え込むことを考えて防寒対策はしっかり。キャンプではリラックスできることが重要なので、着慣れていて肌触りが良い物を選ぶようにする。昼間の行動中でなければ、多少重さはあってもコットン素材を着ることも。テント場は岩が多いので、つま先が保護されたサンダルが安心。

ヨセミテ　エル・キャピタントレイル

ユニフォーム エクスペリメント
の帽子。山小屋のバッジを
いつも つけています
アークテリクスの超軽量
ジャケットは夏の日よけや
肌寒いときに便利
パッカブルでポケットに
収納できる
マムートの
半袖シャツ
アラスカのREI
(アウトドアショップ)
で購入。日本では
なかなか見ない
きれいな色がいい
フーディニのショートパンツ
ゆったりとしたつくりで
くつとくつ下の
組合せは
たいてい
決まっている
ゴローのブーティエル
くつひもは お気に入りの
色にかえて使う

ノースフェイスのウィンドブレーカー
長旅のときは軽量でかさばら
ないものが重宝
同じ用途でも
何枚か
持っていく
ニセコのスノー
ボードブランド
ゲンテンの
Tシャツ。生地が
着心地よくて
お気に入り
ノースフェイスの
コットンパンツ
薄手であわい
お気に入り。
おなかも足首も
こちらはゴムでは
葉山げんべいのビーチサンダル
ふだんから愛用　足もとのいい
キャンプ場ではビーサンが便利
軽くて持ち運びも楽ちん

トレッキング

初夏のヨセミテはトレッキングシーズンではあるけれど、とにかく空気が乾燥していて、晴れの日ともなると肌からどんどん水分が蒸発していくよう。暑い日には半ズボンがちょうどいいくらい。上着は日焼け防止のために長袖か、薄手の羽織れるものを持っているといい。ひさしのある帽子も忘れずに。

キャンプ

渓谷のキャンプ場は日が陰ると夏でもひんやりとしてくるので、羽織るものは必携。薄手のウインドブレーカーは軽くて防風性も高いので重宝する。キャンプ場とその周辺は設備が整っているから、気楽に過ごせる格好でいい。お気に入りのコットンTシャツとコットンパンツ。足元は軽さを優先してビーチサンダルで。

旅のよそおい

スイス　アイガー

ノローナはノルウェーのブランド。フォルケティンパック45ℓ 2〜3泊の縦走にも充分な容量。余計なものがついていないシンプルデザインが良い
フーディニのアルファフーディー 肌ざわりも着心地も良く重宝アイテム。ベースのアルファクルーと同じく透過性の高い素材なので体温調整がスムーズ
セイルレーシングのダウンベスト セイリングのブランドのもの うすいグレーとむらさきのパイピングの組合せが好き
ソフのカシミアニットキャップ クラシックなデザインが気に入っている
パタゴニアのマーゴドレス オーガニックコットンを使っていてストレッチ性もあるので運動後のリラックス時にぴったり 美しいラインなのでレストランへもそのまま行ける
ベースレイヤーはフーディニのアルファクルー 100%リサイクル素材 中厚手で様々な環境で快適に過ごせる
フーディニのエアボーンタイツ シルクとメリノウール混。薄手でフィット感があり快適 山でも街でも防寒にも日よけにもなる
フーディニのアクションツウィルパンツ。メンズモデルの小さいサイズを着用。街でもおシャレに着こなせるので良い。ストレッチもきいている
スマートウールのくつ下。全体に厚めであたたかく でもむれることなく快適
ナイキフリー iDで作ったKIKIオリジナルモデル 世界に一足だけの色合い とにかく軽くて旅には便利
スポルティバのトレッキングシューズ 軽くてホールディングが良くグリップ力もあるので岩場で安心。アイゼンがつけられる。赤は日本限定カラーだとか

登山

標高4000m前後のヨーロッパアルプスの一般的な登山シーズンは6月下旬〜8月下旬。夏とはいえ雪が残っていたり、早朝暗いうちから歩き出すこともあるので、保温性のあるものが必要。足元には街着と同じタイツをパンツの下にはく。また防寒具として合羽にもなるシェルジャケットも必要。

街歩き

ヨーロッパの山岳地方の村は古くからリゾートとして栄えている。山と同じ格好をしていてもとがめられないけれど、洒落たレストランなどもあるので、カジュアルでありながらもちょっとフェミニンなスカートやワンピースなどが1枚あるといい。夏とはいえ日が暮れてからは冷え込むので、防寒具も忘れずに。

ニュージーランド　ミルフォードトラック

ノースフェイスのギンガムチェックシャツ
ポリエステル55%に綿と麻が混ざっているので
速乾性がありつつ コットンライクなのが良い。他に
ブルー×白 むらさき×白のギンガムチェックシャツも
白クマメッシュバッグ
旭川空港のお土産屋で購入。
使わないときはくしゅっとまるめて
コンパクトになるのが良い
ホグロフスの
超軽量
ショートパンツ
速乾性も素晴らしいので スポーツ
タイツとの組合せで
泳いでしまうことも
フーディニのワンピース
きれいな色で 街でも
華やかに 可愛らしく
軽くて速乾性がある
ので旅に便利
フーディニの
エアボーンタイツ
リラックス時には
しめつけない
ものをはきたい
スマートウール
ライフスタイル向きの
夏でも快適
のくつ下
アウトドアライト
クルー
適度に
クッション性の
あるハイキング用
サポート力があるので
長時間歩いても 足が
疲れにくい
くつ下
スポルティバの
アプローチシューズ
ミドルカットで 歩きやすく
フィット感もしっかりあるので クライミング性も高い
テバのサンダル
軽くてでも底は厚くて
安心感があるので
旅に重宝

トレッキング

トレッキングに適している時期は南半球の初夏から秋にかけての10月から２月。ニュージーランドは年間を通じて降水量が多く、土砂降りの雨が降ることも。速乾性が高く、濡れても不快でない衣類を準備して。険しい登り下りの道や、長い行程を歩く日もあるので、サポートタイツをはいて疲れを軽減させたい。

街歩き

旅の拠点になるクイーンズタウンは日本でいう軽井沢のようなところ。訪れる人々のたいていはなにかしらのアウトドアを楽しみに来ている。 高原の避暑地では可愛らしい格好で過ごしたいもの。アウトドアブランドのワンピースは、デザインは女の子らしいのに速乾・吸汗性などの機能も兼ね備えていて優秀！

写真とカメラのはなし

カメラ

オリンパス PEN F

敬愛する写真家が使っているカメラと知って中古で探して見つけたカメラ。ハーフサイズなので 36 枚撮りのフィルムで 72 枚撮影できる。ファインダーを覗くと縦構図で視界が切り取られるちょっと変わったカメラだけれど、撮りたいと思うものと、このカメラを通して見えるものの目線が近く、焼き上がってきた写真がイメージと相違ないのがいい。

オリンパス PEN Lite E-PL5

銀塩のペンFは1963年にデビューし一世を風靡したカメラだけれど、その後50年近くたった近年、同じコンセプトでデジタルカメラとなって戻ってきたのがこのシリーズ。モニターまたはデジタルファインダー内でペンFと同じように縦構図で見られることに心くすぐられて手に入れた。アートモードを使えば手軽にニュアンスのある写真を楽しめる。

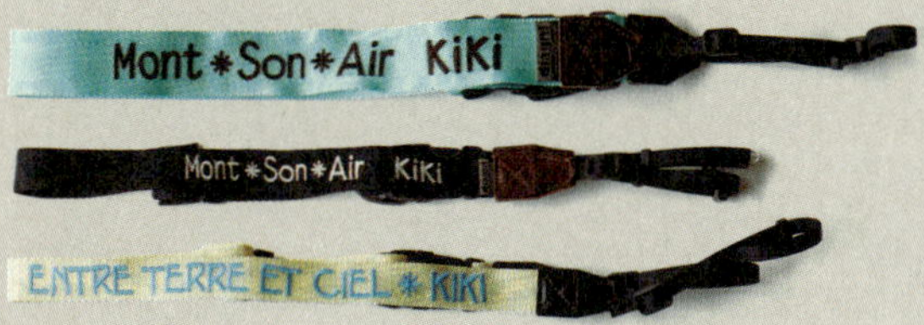

ストラップ

着脱と長さ調節が簡単にできる優れもののニンジャストラップ、KIKI バージョン。ウッドカップ KIKISA と同様にスタイリスト石川顕さんのディレクションで作っていただいたもの。文字はフランス語で「山・音・色」と「天と地の間に」の意。

カメラカバー

ドンケのプロテクティブラップ。衝撃を吸収するフリース素材の生地にマジックテープがついていて、カメラの大きさに合わせてふろしきのように包むことができる。そのままだと無骨なので、お土産のシャモニのワッペンを縫い付けてアレンジ。

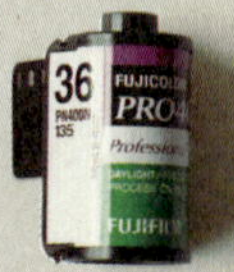

フィルム

富士フイルムのプロ用ネガフィルム、FUJICOLOR PRO400。いろいろなフィルムを試してみた結果、自然な鮮やかさを出せるこのフィルムに一本化して使用。フィルムカメラは電池がなくても動くので、寒い山でも電池切れの心配がないのがいい。

フィルムカメラで撮った写真はその場で見られないのがいい。旅を終えてしばらく経ってから、焼き上がってきたプリントを一枚一枚眺めて旅を思い出す。たくさん撮りたいとき、接写や動画を撮りたいときはデジタルカメラと出かける。

ライカ MP
エルメスエディション

ある写真家さんにシャッターを押させてもらって、その滑らかな音と押し心地に魅せられてしまった。高価だけれど一生物と思い、2003年頃に手に入れたカメラ。レンズはズミクロン35mmで、透明感のある光が撮れるのが気に入っている。使うことすらもったいないと言う人もいるけれど、使ううちに味わいが増してきて、一段とお気に入りに。

ライカ X2

ライカのコンパクトデジタルカメラ。フィルムカメラで撮るような少し渋めのニュアンスが表現できるところが好き。なによりデザインがスタイリッシュで、持っているだけで気分が高まる！　左上の黒丸部分には赤いライカマークが入っているのだけれど、海外の治安の悪い場所ではカメラが狙われがちなので、隠して目立たないようにして使う。

手作り zine

写真は撮ったら撮ったまま。デジタル写真が普及してからはなおさらにそんなことが多いけれど、それはもったいない！　パソコン上でレイアウトして和紙などニュアンスのある紙にプリントアウトし、和綴じの写真集を作るのが趣味のひとつ。一緒に旅した人に、旅の思い出をプライベート写真集にして贈っている。

山のおみやげあれこれ

ネパールのエベレスト街道、ナムチェの山小屋で出合ったヤクの人形。毛並みがよくて思わず購入。

スイスから足をのばして出かけたアルザスで、山用の財布にと思い購入。紐がついているので便利そう。

アラスカのワッペン。グリズリーや白熊のモチーフはつい買ってしまう。本物には会いたくないけれど。

ネパールではよく見かける、山をデザインした絨毯。自宅でアラジンストーブの下に敷いて使っている。

アルザスで見つけたワインオープナーにはしあわせのシンボル、コウノトリが。一目惚れして衝動買い。

パタゴニアへの道中、カラファテの露店で。色が可愛らしい。これも山用の財布に。南米は革製品が豊富。

アラスカ航空のステッカー。おそらくデッドストック。エスキモーが妙にリアルで、そこがカワイイ。

地図は現地でないと手に入らないものが多い。デザインが凝っているものは、歩いた場所にかかわらず買う。

エベレスト街道のナムチェでは手編みのニット帽や靴下がかわいくて安い。友人のおみやげ用にも調達。

ネパールのカトマンズで。高級なパシュミナもすてきだけれど、カジュアルで普段使いできるものもいい。

アラスカの地ビールのラベルがそのままプリントされたTシャツはジュノーで発見。シャチのマーク♡

アルプスのシンボルであるエーデルワイスが散りばめられたハンカチーフ。スイスのグリンデルワルトで。

マグネット付き栓抜き。白熊はアラスカ地ビールのホワイトビールのラベルにデザインされているもの。

ネパールみやげのパシュミナストールの袋。おまけだけれど、それ自体が美しいので小物入れとして使用。

アラスカに20近くある国立公園のオリジナルワッペン。いつか全ての公園を訪れて、ワッペンを揃えたい。

アラスカ大学フェアバンクス校のホッケーチーム、ナヌークス（イヌイット語で白熊）のオリジナルT。

キーアのぬいぐるみはお腹を押すとけたたましい音で鳴き声が流れる。本物そっくりでちょっと憎たらしい。

アメリカで買ったピンとバッジ。コレクションとまではいかないが、気に入ったものを見つけたら即購入。

ニュージーランド・ミルフォードトラックのポストカード。日本の友人へ手紙を書くために買った残り。

エチオピアのゴンダールで。民族衣装を身につけた現地の人（表情がユニーク！）が刺繍されたトート。

コーヒー豆の産地であるエチオピアで。コーヒーは果実だったことを思い出させてくれるフルーティな香り。

ロビーからエベレストの展望が得られるという素敵なホテルのハンカチーフ。エベレスト街道のマップ柄。

鉄道のピンも収集中。左はアラスカ鉄道で右はホワイトホースとスキャグウェイをつなぐ路線のもの。

車で通過したアラスカの田舎町で買ったポストカード。寂れた町の土産物屋ではレトロなものが見つかる。

おわりに

旅をしながら、どうしようもなく寂しくなり、置いてきたはずの日常が懐かしく思われるときがあります。それは旅している場所が、限りなく美しく澄んだ場所であればあるほど起こる感情でもあります。

ここに一冊にまとめることになり、気づいたことがあります。旅した世界の山々は、どこも旅人のために演出された場所ではなく、ありのままの姿で存在しているということ。そこに美しさを感じることは、こころの受け入れ方であり、どんな場所にも美しさは存在するのです。どこか地に足のつかないわたしは、だからこそ自分の足で歩くという行為を通じて、そのことを確認したかったのかもしれません。なにか物足りないと思っている自分の日常でさえ、本当は美しいものであるということ。今、最後の欠片がすとんとはまったような、とても居心地のいい気分でいます。

編集の小林百合子さん、平凡社の飯倉文子さん、佐藤暁子さん、アートディレクターの峯崎ノリテルさん、デザイナーの正能幸介さん、宮越里子さん。ここに深い感謝の念を捧げます。漠然としていたわたしの旅に輪郭をつけ、本という目に見える美しいかたちに残すことができたのは、本当にありがたいことです。

美しい山へ、世界の山へ。この本とともに旅をしてくださった皆さんの旅と日常、そしてこれから過ごすすべての時が、常に輝かしく美しいものとなりますように。

Kiki

美しい山を旅して

KIKI's MOUNTAIN JOURNAL

2014年3月19日　初版第1刷発行

文・写真……………………KIKI

発行者………………………石川順一
発行所………………………株式会社平凡社
〒101-0051 東京都千代田区神田神保町3-29
http://www.heibonsha.co.jp/
編集部　03-3230-6584
営業部　03-3230-6572
00180-0-29639（振替）

印刷・製本………………図書印刷株式会社
表紙撮影……………………石塚元太良
アートディレクション…峯崎ノリテル ((STUDIO))
デザイン……………………正能幸介　宮越里子 ((STUDIO))
編集…………………………小林百合子
佐藤暁子　飯倉文子（平凡社）

ISBN 978-4-582-54210-3
NDC 分類番号 786.1
A5判（21.0cm）　総ページ 128

HAVE A GOOD HIKE!

KIKI

モデル・女優。武蔵野美術大学造形学部建築学科卒業。雑誌やTVCMなどの広告、連載執筆など多方面で活躍。著書に『山スタイル手帖』（講談社）、『山が大好きになる練習帖』（雷鳥社）、『山・音・色』（山と溪谷社）など多数。　http://blog.honeyee.com/kiki/